AF742714

CERO DRAMA, MÁS DINERO

Edición: Elizabeth Ruiz y Gonzalo Marín
Coordinación de diseño: Cristina Carmona
Diseño: Dalia Jiménez
Diseño de portada: Daniel Bolívar

© 2025 Paulina Anguiano
© 2025 VR EDITORAS, S. A. de C. V.
www.vreditoras.com

Dakota 274, colonia Nápoles, C. P. 03810,
alcaldía Benito Juárez, Ciudad de México.
Tel.: 55 5220-6620 • 800-543-4995
e-mail: editoras@vreditoras.com.mx

Primera edición: noviembre de 2025

Todos los derechos reservados. Prohibidos, dentro de los límites establecidos por la ley, la reproducción total o parcial de esta obra, el almacenamiento o transmisión por medios electrónicos o mecánicos, las fotocopias o cualquier otra forma de cesión de la misma, sin previa autorización escrita de las editoras.

ISBN: 978-607-637-230-2

Impreso en México en Litográfica Ingramex, S. A. de C. V.
Centeno 195, colonia Valle del Sur, C. P. 09819,
alcaldía Iztapalapa, Ciudad de México.

Paulina Anguiano

CERO DRAMA, MÁS DINERO

Aprende los secretos millonarios de los famosos y logra el éxito financiero

VR EDITORAS

ÍNDICE

PRÓLOGO

Imagina a un joven brillante. Terminó una carrera profesional con calificaciones sobresalientes y de inmediato se incorporó al mundo laboral, lleno de sueños y esperanzas. Desde ese día se esforzó como pocos. Cuando se casó, se presionó aún más para sacar adelante a su familia. Trabajó muchísimas horas extra porque era necesario pagar las cuentas, colegiaturas, el crédito del auto, el crédito de la casa. Tramitó algunas tarjetas de crédito para salir de apuros, pero los intereses se convirtieron en una espiral de estrés.

Claro, también se cambió de trabajo varias veces, desesperado de no avanzar financieramente. El cuerpo le pasó la factura: tuvo episodios de depresión y ansiedad. Parecía mucho mayor de la edad que tenía. Además, se creó un abismo entre él y su familia porque casi nunca compartían tiempo de calidad. Él solo buscaba prosperidad y no supo cómo llegó a esto. Solo quería lo mismo que otros. Quizá conozcas a alguien así. O es posible que tú mismo te reconozcas en esta historia.

¿Quién no quiere éxito financiero? ¿Quién no tiene deseos de vivir sin sobresaltos, sin tronarse los dedos por apuros económicos? Más aún, ¿quién no quiere el dinero suficiente para realizar proyectos y sueños? ¿Una vejez sin carencias? Pero tal parece que eso solo pueden hacerlo unos cuantos, ¿verdad?...

Los que nacieron con dinero. Los que pueden estudiar Economía en universidades del extranjero. O los famosos, esos que tuvieron un golpe de suerte y se volvieron millonarios.

¿O no es así?

¡Definitivamente, no! La prosperidad se planifica, se construye y se cuida. No se trata de conocimientos misteriosos, sino de información que en realidad debería estar al alcance de todos. Desgraciadamente, no nos la enseñan en la escuela. Y deberían.

Pero no te preocupes, yo he estudiado el tema detalladamente y lo aplico no solo en el aspecto financiero, sino en todos los campos de mi vida. Un día me di cuenta de que a la gente le gustaba que le explicaran las cosas con sencillez y también que justamente eso es lo que me apasiona. Así que aquí estoy, para demostrarte que tú puedes aprender y aplicar las mismas estrategias de los millonarios.

Vamos a desafiar la idea de que el dinero es simplemente un medio de intercambio y a reconocerlo como una herramienta poderosa para manifestar y alcanzar tus sueños. No es necesario que cuentes con grandes sumas, ni que realices una hazaña extraordinaria para potenciar tu economía personal. La riqueza fluirá hacia ti de manera natural, pero, claro está, acompañada de conocimiento, experiencia, investigación y propósito.

He organizado este libro en ocho capítulos. Cada uno de ellos arranca con un Chismecito financiero, donde te contaré las historias de gente triunfadora como Lionel Messi, Shakira o el mismísimo Jeff Bezos. De ellos aprenderás lecciones valiosas que cambiarán para siempre tus finanzas. Como tu nutrióloga de gastos y gurú de billetera, te guiaré en el camino para poner en práctica tus nuevos conocimientos.

Exploraremos cómo tus emociones, creencias, pensamientos, hábitos y acciones pueden influir directamente en tu prosperidad económica. Al mismo tiempo, te animaré a reflexionar sobre tus valores y objetivos para definir tus metas y un plan de acción personalizado. En Casos de éxito, te compartiré ejemplos de gente, como tú y como yo, que ha aplicado estas técnicas y consejos financieros.

Al final de cada capítulo, están las secciones ¡Tu turno!, donde hallarás actividades prácticas, y Zona detox, con un resumen de las ideas que te ayudarán a desintoxicarte de aquello que no te aporta y nutrirte con lo que sí. A este proceso le llamo detox financiero, y a la comunidad que me sigue, mi comunidad, los llamo detoxers.

En este libro encontrarás las claves para llegar al éxito financiero. Más allá de acumular dinero porque sí, te enfocarás en conseguir seguridad, independencia y salud para tus finanzas. Pero, sobre todo, libertad. Sabrás que la alcanzaste porque el dinero dejará de ser una preocupación. Al contrario, se volverá una herramienta para perseguir lo que realmente importa: la vida que deseas.

¿Estás listo para comenzar tu ascenso al éxito financiero? Bienvenido, detoxer. ¡Adelante!

Capítulo 1

Anota como MESSI

El dinero es una herramienta, pero no la meta

“El dinero es una herramienta poderosa en las manos correctas, pero un maestro terrible en las manos equivocadas”.

Robert Kiyosaki

Chismecito financiero

En el apogeo de su carrera futbolística, Lionel Messi no solo era un mago en el campo, también fue arquitecto de sueños convertidos en realidad. Al día de hoy cuenta con un salario anual de 60 millones de dólares y un patrimonio de más de 600 millones.

¡Sí que son muchos ceros! Todos los ha conseguido gracias a la educación financiera y asesores, quienes lo llevaron hacia las inversiones exitosas que ha hecho a lo largo de sus 18 años de carrera.

No importa la profesión que tengas y qué tan bueno o malo seas con los números. Si te rodeas de los mentores correctos e inviertes en tus pasiones, los millones vendrán en consecuencia.

Messi es uno de los mejores jugadores de fútbol de la historia, pero si aún no has escuchado de él, acá te cuento un poco.

Nació en una familia humilde de cuatro hijos, donde era el menor de los varones. Sus papás tenían dobles jornadas laborales para poder hacer frente a los gastos de su educación. Su mamá trabajaba en una fábrica de bobinas y también limpiaba casas para obtener dinero extra, mientras que su papá trabajaba en una fábrica de acero.

Messi empezó su carrera futbolística desde los 8 años de edad en Rosario, Argentina. Desde muy pequeño fue un jugador habilidoso y confiado en sus capacidades, por eso nada lo detuvo.

Y no solo lo digo porque me gusta cómo juega, sino que en su larga trayectoria ha sido el único futbolista en la historia que ha ganado, entre otras distinciones, ocho veces el Balón de Oro, ocho premios de la FIFA al mejor jugador del mundo, seis Botas de Oro y dos Balones de Oro de la Copa Mundial de Fútbol.

Por si fuera poco, en 2020 y 2022, se convirtió en el primer futbolista y el primer argentino en recibir un Premio Laureus. Este galardón es el equivalente a un Oscar en el deporte.

¿A qué voy con todo esto? A que todos somos capaces de materializar nuestras metas e ideales, no solo en el rubro de nuestro trabajo, sino también en el mundo financiero. Messi pasó de ser un niño humilde con sueños muy grandes, a ser uno de los jugadores más reconocidos en la historia del deporte, así como uno de los mejor pagados.

Pero la maestría de Messi no se limita al terreno de juego, sino que se extiende al escenario financiero, donde ha llegado a recaudar una gran fortuna a través de contratos millonarios con su club de fútbol y algunas de las compañías más reconocidas del mundo. Tuvo muy claro que, si perseguía sus sueños con pasión, paciencia y perseverancia, vería resultados tarde o temprano.

De nada serviría tener el salario más alto del mundo si no lo administras e inviertes de la mejor manera. Messi también se ha destacado por su inteligencia en los negocios y la diversificación de fuentes de ingreso, dicho en otras palabras, gana dinero de muchos negocios, además del deportivo.

Así se convirtió en dueño de equipos de fútbol y socio de Apple y Adidas. Sin mencionar que tiene su propia cadena de hoteles, su propio fondo de inversión y es dueño y accionista de empresas en el sector tecnológico (las famosas *startups*). Consolidó una fortuna de más de 11 800 millones de pesos.

Imagina estar en sus zapatos, enfrentándote a las decisiones financieras. No solo las cruciales, sino también a las que se nos presentan todos los días. Así como el futbolista aprendió a dominar cada movimiento en el campo, también aprendió a navegar por el complejo mundo financiero.

Messi ha logrado ir más allá de los estadios hacia el emocionante juego del dinero y esto es algo que quiero que tú también alcances en tu vida. En este campo, cada gol se anota con estrategia y determinación.

Ahora es tu momento de llevar este juego al siguiente nivel. Recuerda que no necesitas tener los millones para convertirte en millonario. Todos somos capaces de llegar hasta la cima.

¡Que comience el juego del dinero!

Este partido no es solo para atletas de élite o multimillonarios. Está al alcance de todos nosotros y es necesario que entiendas cómo jugarlo, sin importar la cantidad que tengas en tus manos, ya que esto delimitará que tan rápido o lento lograrás tus sueños.

Es natural que todos tengamos anhelos económicos, ya que el ser humano siempre busca vivir en mejores condiciones. Sin embargo, considera que el dinero solo es una herramienta que te permitirá alcanzar tus objetivos en las mejores circunstancias posibles y no el factor que regirá tu vida y futuro.

Tener dinero va más allá de ver muchos ceros en tu cuenta de banco. Más bien se trata de aprender a utilizarlo, de tal manera que él trabaje para ti y no viceversa. No solo se necesita acumularlo, sino administrarlo, invertirlo, compartirlo y multiplicarlo.

Muchas veces tomamos malas decisiones: gastamos en cosas innecesarias o vicios, invertimos en instrumentos desconocidos, no tenemos un presupuesto, entre otras situaciones que se nos van de las manos.

Aunque hay varias causas, la más común suele ser la falta de información certera y de análisis o la toma de decisiones emocionales, pero sobre todo a falta de educación financiera. Te invito a que tomes un camino diferente, acompañado por mí, tu nutrióloga de gastos y gurú de billetera favorita.

Seguramente has pensado en cambiar tu realidad financiera y quizá no has empezado porque no sabes bien cómo hacerlo, pero no te preocupes, para eso estás aquí. La buena noticia es que ya estás en ese camino, por el simple hecho de estar leyendo este libro.

No tienes nada de qué preocuparte o estresarte, el juego del dinero es bastante sencillo y te llevaré paso a paso para que logres ganarlo. No solo aprenderás cómo jugarlo, sino también cómo dominarlo.

Los resultados te llevarán a una vida tan libre de estrés financiero y con una tranquilidad tan grande que podrás tomar decisiones en tu día a día sin preocuparte por el dinero. Únicamente te enfocarás en aquello que te haga feliz. Bueno, no solo a ti, sino a todos los que te rodean.

Tengo una frase muy especial para mí, que me repito todos los días en torno a este tema y te la quiero compartir, ya que me ayuda a ser consciente de que la única manera de alcanzar mi libertad financiera es educándome, generando, administrándome y tomando buenas decisiones. Esta frase dice así: "O subes tus ingresos al nivel de tus sueños o te tocará bajar tus sueños al nivel de tus ingresos".

Vamos a empezar con lo primero: un ingreso es el dinero que recibe un agente económico debido a su actividad económica. Dicho en otras palabras: el ingreso de un hogar es el dinero que obtienen las personas que viven ahí, en sus respectivos trabajos. Tu ingreso es la cantidad que recibes por las distintas actividades que desempeñas.

Dentro de los ingresos, existen dos tipos: los activos y los pasivos. Ahora mismo te expongo las diferencias entre ellos y por qué ambos son necesarios en tu vida:

Ⓐ **Ingresos activos:** es el dinero que se obtiene de algún trabajo realizado y que, a su vez, haya implicado un esfuerzo físico o mental.

Ⓑ **Ingresos pasivos:** engloban aquellas actividades que generan beneficios económicos sin que se haga algún tipo de trabajo en particular.

INGRESOS ACTIVOS

Trabajador · Honorarios · Emprendedor · *Freelancer*

INGRESOS PASIVOS

Intereses · Acciones · Rentas · Dividendos

Podrías preguntarme: "Oye, Pau, pero ¿cómo es que puedo comparar un trabajo con un ingreso pasivo? En uno estoy haciendo algo que me conlleva esfuerzo y tiempo y en el otro no".

La respuesta es sencilla: los ingresos pasivos fueron creados para que tu dinero trabaje 24/7 para ti, ya que el recurso más importante y más limitado que tienes es el tiempo. Por eso te recomiendo encontrar una manera para que el dinero esté trabajando siempre, sin importar si le dedicas tiempo o no. Más adelante revisaremos a detalle todas las opciones que tienes a la mano.

Puedes tener varias fuentes de ingreso que te permitan alcanzar tu independencia financiera. De hecho, lo recomendable es tener al menos dos, una activa y una pasiva, para que conforme vayas generando dinero de tu fuente activa, lo inviertas en tu fuente pasiva.

En mi caso, tengo múltiples trabajos que son mis fuentes de ingresos activos, entre ellos, ser directora de finanzas de un grupo de empresas de manufactura de calzado. También doy asesorías, cursos, conferencias o campañas. Y por otro lado, las inversiones me dan fuentes de ingresos pasivos.

Por ejemplo, yo tengo una inversión en un instrumento privado que me da un ingreso mensual de 11 mil pesos. Por otro lado, también tengo Cetes, un instrumento de deuda gubernamental, que me dará un retorno de mi inversión superior a 11 % en un año. Es decir que si yo invierto 100 pesos, dentro de 365 días me darán 11 pesos más de interés. En total habría acumulado 111 pesos. Si todavía no te queda claro, no te preocupes, más adelante dedicaré un capítulo entero al tema de las inversiones.

Podría seguir con más ejemplos que vivo en mi día a día, sin embargo, lo único que busco con esto es que veas las distintas maneras que están a tu alcance para que tu dinero siempre trabaje para ti. Cuando menos lo esperes conseguirás tu tercera fuente de ingreso (otra pasiva) y así sucesivamente.

Piensa en tu progreso cuando empiezas a entrenar en un nuevo deporte. Al inicio vas paso a paso y te lo tomas con calma porque requiere práctica, conocimiento y confianza. Tus sesiones de entrenamiento son cortas, pero tienes el objetivo de incrementarlas paulatinamente. Después de un tiempo, las rutinas se volverán más fáciles, serás más constante y te pondrás nuevas metas.

En este emocionante partido, cada decisión cuenta porque es una oportunidad para acercarte más a tus objetivos económicos. Ya sea incrementando tus fuentes de ingreso o planificando tus inversiones, el juego del dinero ofrece oportunidades emocionantes para convertir tus sueños financieros en realidades tangibles.

La estrategia y la determinación que Messi aplicaba para liderar a su equipo en el campo son las mismas habilidades que necesitas para sortear los desafíos financieros en tu día a día. Así que toma tu lugar en este estadio, canaliza tu determinación interior y comienza a marcar esos goles. ¡Que comience el juego de tus sueños!

Tu mejor aliado en el juego

El dinero no es simplemente un fin en sí mismo, sino una herramienta poderosa para alcanzar tus metas más profundas. No solo es una cifra o un medio de intercambio, más bien está totalmente correlacionado con la felicidad y la plenitud.

Así como Messi ve el balón como un medio para anotar goles, considera la perspectiva del dinero como una herramienta para materializar tus sueños y aspiraciones. De manera similar a un delantero, que se esfuerza por anotar, te embarcarás en la tarea de "anotar" tus objetivos financieros con astucia y determinación.

¿Alguna vez te habías preguntado cuál es tu perspectiva del dinero? Te comparto la mía:

EL DINERO ES...

Facilitador de oportunidades

- Abre puertas. Te permite llegar a tus objetivos, adquirir bienes y servicios, invertir en educación y experiencias. Sin embargo, el valor real está en cómo utilizas estas oportunidades para mejorar tu vida y la de los demás.
- **Medio para alcanzar metas**

  Es una vía para lograr metas y sueños, pero no es la meta en sí misma. Puede ser una herramienta muy eficaz para mejorar tu calidad de vida, proporcionar seguridad financiera y crear experiencias significativas. En última instancia, la meta debería ser la realización personal, la felicidad y el cumplimiento de tus aspiraciones.

- **Calidad de vida y bienestar**

  La verdadera riqueza se mide en términos de bienestar general y calidad de vida, no solo en la acumulación de riqueza material. La salud, las relaciones personales, el equilibrio entre el trabajo y la vida, y la contribución a la sociedad son aspectos esenciales que van más allá de la simple acumulación de dinero.

- **Relaciones y conexiones**

  En muchos casos, las relaciones sólidas y significativas no pueden comprarse con dinero. Aunque este puede brindarte comodidades y oportunidades, la verdadera riqueza se encuentra en las relaciones auténticas y en las conexiones humanas. Estas son esenciales para la felicidad y el bienestar emocional.

- **Satisfacción personal**

  La búsqueda constante de acumular sin un propósito más profundo puede llevar a la insatisfacción. La satisfacción personal proviene de la consecución de metas significativas, la contribución a la sociedad y la alineación con tus valores personales.

- **Crecimiento y desarrollo personal**

  La vida está llena de oportunidades para aprender, crecer y contribuir. Utilizar el dinero para invertir en tu desarrollo personal y contribuir al bienestar de otros es una perspectiva más enriquecedora que verlo como un fin en sí mismo.

Tus recursos financieros son para mejorar tu calidad de vida, perseguir metas significativas y cultivar experiencias enriquecedoras. La verdadera riqueza se encuentra en la realización personal y en la capacidad de utilizar el dinero para lograr un propósito más profundo y satisfactorio en la vida.

El arte de anotar con precisión

Vamos a llevar estas ideas al terreno del juego financiero. ¡Te doy la bienvenida al estadio financiero, donde cada ingreso adicional es un gol que te acerca a tus metas económicas! Imagina que eres el Messi de tus finanzas, apuntando con precisión a la portería de tus sueños. Aquí te presento las claves para convertir esos sueños en una realidad financiera viable.

Al igual que un jugador visualiza el camino hacia la portería antes de anotar, en el ámbito financiero, es esencial tener claridad sobre nuestras metas. ¿Cuál es tu meta financiera? ¿Sueñas con la compra de una casa, emprender tu propio negocio o tener el retiro de tus sueños?

Al igual que Messi visualiza cada movimiento, debes definir tus metas financieras con claridad y precisión. Sea cual sea tu objetivo, es crucial que sea específico y medible, porque recuerda que en las finanzas y en la vida, lo que no se mide no se controla ni se mejora.

Así como el futbolista argentino se enfrenta a la defensa contraria con astucia y habilidad, tú enfrentarás los desafíos financieros con una mentalidad clara y adaptable, necesaria para superar obstáculos. Este camino será mucho más fácil porque estarás acompañado de la información, las prácticas, experiencias y metodologías que nos han funcionado a mis mentores y a mí.

Visualízate frente a la portería. En lugar de lanzar la pelota al azar, apunta directo al ángulo superior. En este caso, harás lo mismo, pero con tus objetivos financieros, por eso te pido que los escribas con tanto detalle como sea posible.

Para esto me gustaría que catalogaras cada uno como objetivos SMART.

Aquí te explico esta metodología: todos tus objetivos deben cumplir con las siguientes características para que estés mejor equipado y puedas diseñar metas financieras significativas y sostenibles.

- **SPECIFIC (ESPECÍFICAS)**: se dirigen los esfuerzos a un objetivo en particular para la optimización de procesos y recursos.
- **MENSURABLE (MEDIBLES)**: se mide el éxito y efectividad con indicadores que se encargan de reflejar el posible avance en la consecución de dicho objetivo.
- **ACHIEVABLE (ALCANZABLES)**: deben ser metas que sean viables a partir de los esfuerzos realizados.
- **RELEVANT (RELEVANTE)**: se influye de manera positiva y se producen cambios significativos en la vida de las personas.
- **TIMELY (TEMPORALES)**: según la complejidad del objetivo, hay diferentes estrategias de tiempo para su realización, variando entre el corto plazo y el largo plazo.

Te invito a analizar estos aspectos de tu vida con la finalidad de que descubras todas las áreas de oportunidad que tienes a tu alcance. Para hacerlo, te recomiendo tener una cita contigo mismo en un café, una vez al mes, donde puedas analizar tus objetivos y los avances. Esto te ayudará a reconocer tus áreas de mejora y a crear los planes de acción necesarios.

Cuando hayas ordenado tu bebida favorita, abre tu computadora, o el cuaderno donde registres tus finanzas, y comienza el análisis. Digamos que uno de tus objetivos es irte de vacaciones y necesitas un plan de acción para lograrlo.

Primero identifica cuál es tu excedente de cada mes, es decir, la diferencia que resulta de restar tus egresos de tus ingresos. Imaginemos que el total de tus ingresos activos y pasivos equivale a 20 mil pesos. Pero después de pagar tus gastos básicos, separar tu ahorro y haberte dado unos cuantos gustos, te quedan mil. Ese monto es el que puedes invertir en tus vacaciones.

Si tu vuelo y el hotel te cuestan 10 mil pesos, conseguirás este monto si ahorras tu excedente durante 10 meses. Pero si inviertes tu excedente en una cuenta de ahorro que pague intereses mensuales, ¡tendrás más de tu inversión inicial!

TOTAL DE INGRESOS	20000
EGRESOS	19000
EXCEDENTE	1000
AHORRO	1000
AHORRO EN DIEZ MESES	10000
INVERSIÓN	1000
INVERSIÓN EN DIEZ MESES	10000 + INTERESES $$$

Es importante que te comprometas a esta cita contigo como si estuvieras teniéndola con tu jefe, ya que tú eres el proyecto más importante de tu vida. Recuerda que tu éxito financiero va más allá del monto de dinero en tu cuenta de ahorro, se trata de qué tan preparado te encuentras para afrontar cualquier situación que se te presente, en cualquier momento, sin que esto te genere estrés financiero.

Anticiparte de manera informada a los cambios en tu vida, como el matrimonio, la compra de una vivienda o la llegada de hijos, te permitirá ajustar tus objetivos financieros a tiempo, reconociendo los posibles sacrificios que podrías enfrentar, como reducir gastos no esenciales o trabajar horas extra. Todo esto te ayudará a comprometerte plenamente con tus objetivos.

No hay una sola fórmula para hacer las cosas bien, sin embargo, sí hay guías que te pueden ayudar a evitar errores y avanzar de manera más fluida hacia tu seguridad, independencia y libertad financiera. Aquí te comparto la guía que me ha funcionado a mí a lo largo de este emocionante camino.

Primero que nada, distingue entre objetivos a corto plazo (uno a dos años), mediano plazo (dos a cinco años) y largo plazo (cinco años o más), ya que esto te ayudará a establecer un marco temporal y priorizar tus metas.

Después, es importante que comprendas cuáles son tus necesidades básicas, comúnmente conocidas como los gastos necesarios. Asimismo, para llevar esto de la mejor manera, te recomiendo que establezcas tu presupuesto de acuerdo con la regla del 50/30/20, es decir, que 50 % de tus ingresos lo destines a gastos necesarios, 30 % lo destines a gastos personales o lujos y 20 % lo destines a inversión o ahorro.

DISTRIBUYE TUS INGRESOS. REGLA 50-30-20

50%	Gastos necesarios (servicios básicos, alimentación, renta, transporte, etcétera)
30%	Gastos personales (ropa, viajes, salidas, etcétera)
20%	Ahorro y proyectos

Es esencial que determines una cantidad mensual para ahorrar e invertir, ya que es fundamental para construir tu patrimonio y trabajar por tu seguridad financiera. Yo te recomiendo invertir al menos del 10 % al 20 % de tu salario mensual.

De la mano de la inversión, se encuentra establecer un fondo de emergencia que te proporcione seguridad financiera en tiempos inesperados. En este caso, te recomiendo contar con al menos tres meses de lo que te cuesta tu vida. Por ejemplo, si tu estilo de vida te cuesta 10 mil pesos al mes, tu fondo de emergencia debería contar con al menos 30 mil pesos.

Además, estoy segura de que no quieres que tu dinero pierda valor por la inflación. Esto es un aumento general de los precios de bienes y servicios existentes en el mercado durante un determinado periodo de tiempo. Cuando el nivel general de precios sube, con cada unidad de moneda se adquieren menos bienes y servicios.

Te lo explico con Churrumais. En 1998 podías comprar una bolsa de frituras por un peso, pero en 2022 el precio subió a diez. Así se refleja la inflación. La mala noticia es que los salarios no crecen a la par de la inflación, generando así una pérdida de poder adquisitivo, es decir que ya no te alcanza para lo mismo. Mira el caso del Gansito:

¿CUÁNTOS PASTELITOS PUEDES COMPRAR CON UN SALARIO MÍNIMO?

2019	2023
280 PASTELITOS	**270 PASTELITOS**
Salario mínimo mensual: **$3 080.4**	Salario mínimo mensual: **$6 223.20**
Precio del pastelito: **$11.00**	Precio del pastelito: **$23.00**

Fuente: Skandia Life

Para contrarrestar la inflación, lo más recomendable es que guardes tu dinero en alguna cuenta de ahorro que genere intereses diarios, que tenga cierto tipo de protección y te permita tener liquidez diaria, es decir, que lo puedas usar cuando lo requieras.

Recuerda también evaluar tus deudas para que establezcas metas específicas para reducirlas o eliminarlas. Una forma de evaluarlas es identificar cuántas veces podrías pagarlas con el dinero que tienes actualmente. Es decir, si debes 10 pesos, pero cuentas con 50 pesos, estás en una posición sana en relación a tus deudas, ya que puedes pagarlas cinco veces con el dinero que tienes actualmente.

Sin embargo, si cuentas con 10 pesos y debes 20 pesos, esto significa que estás en una posición comprometida y que podrías mejorar tu manejo de las mismas. Al día de hoy, existen muchas reparadoras de crédito, por ejemplo: Resuelve tu deuda, Yotepresto, Cura deuda, entre otras, que te pueden ayudar a refinanciar tu deuda en condiciones mucho mejores a las que tienes hoy.

Por último, y no por eso menos importante, establecer metas relacionadas con la educación financiera te permitirá adquirir conocimientos y habilidades que sustentarán tus decisiones, pero tampoco te preocupes por esto si aún no lo comprendes bien, que por algo estás aquí.

A través de estas páginas, adquirirás muchos conocimientos financieros y, lo mejor de todo, de una manera digerible, amigable y emocionante.

Adaptabilidad financiera: jugando en un campo cambiante

Cada acierto financiero, al igual que cada gol en un partido, es el resultado de una planificación meticulosa, ejecución efectiva y la habilidad para adaptarse a las circunstancias cambiantes del entorno.

Debido al constante cambio de todas las variables del deporte (jugadores en el campo, tiempo restante del juego, amonestaciones, marcador), las tácticas pueden cambiar en un instante, y lo mismo sucede en las finanzas.

Por eso es importante mantenerte ágil y listo para ajustar tu estrategia según las circunstancias cambiantes: tasas de interés, ingresos, egresos, inflación, impuestos, etcétera. Desarrollando tu adaptabilidad mejorarás tu capacidad para ajustar y manejar eficazmente tu situación en respuesta a cambios en el contexto económico, personal o del entorno (muchas de las veces, cosas que no controlas).

La adaptabilidad financiera implica tu capacidad para enfrentar desafíos, tomar decisiones informadas y ajustar estrategias para mantener la estabilidad y avanzar hacia tus metas. Te comparto algunos de los aspectos clave.

- **Conciencia financiera:** entender tu situación actual, incluyendo ingresos, gastos, deudas e inversiones.

- **Reserva financiera:** mantener un fondo de emergencia para hacer frente a gastos inesperados y proporcionar seguridad en tiempos de incertidumbre.
- **Flexibilidad presupuestaria:** tener un presupuesto flexible que se pueda ajustar según las fluctuaciones de ingresos, gastos y prioridades.
- **Diversificación de ingresos:** buscar diversas fuentes de ingresos, como inversiones, trabajo adicional o emprendimiento, para reducir la dependencia de una única fuente.
- **Planificación a largo plazo:** desarrollar un plan financiero a largo plazo que incluya metas y estrategias para la jubilación, la educación, la compra de vivienda, etcétera.
- **Educación financiera continua:** mantenerse informado sobre cambios en el mercado, nuevas oportunidades de inversión y estrategias financieras actualizadas.
- **Adaptación a cambios personales:** ajustar las metas y estrategias financieras en respuesta a cambios en la vida personal, como matrimonio, hijos, divorcio o cambios en la carrera.
- **Evaluación regular:** hacer revisiones periódicas de tu situación financiera para evaluar el progreso hacia metas y ajustar estrategias según sea necesario.

Y como no solo es importante conocer qué significa la adaptabilidad financiera, sino cuándo llegas a ella, te comparto cómo saber cuándo ya la tienes.

- **Resiliencia financiera:** cuando tienes la capacidad de superar desafíos financieros sin afectar significativamente tu bienestar y objetivos.
- **Cumplimiento de metas:** cuando tienes un logro constante de metas financieras a corto y largo plazo, adaptándote a las circunstancias cambiantes.
- **Conciencia y control:** cuando tienes la capacidad de mantenerte consciente y tener control sobre tu situación financiera en todo momento.
- **Paz mental financiera:** cuando logras sentirte tranquilo y seguro con tus decisiones financieras, incluso en situaciones económicas desafiantes.
- **Innovación y oportunidad:** cuando tienes la disposición para buscar nuevas oportunidades y ser innovador en la gestión de tus finanzas.

CASOS DE ÉXITO: LA PROFESIONAL ORGANIZADA

Mi amiga Sofía tenía dos trabajos, los cuales le permitían cubrir sus gastos todas las semanas. Sin embargo, un día, debido a la llegada del uso de la inteligencia artificial en una de las empresas donde trabajaba, hubo un recorte de personal y le tocó que la despidieran. Sofi no estaba preparada para ese golpe tan duro a sus finanzas, ya que sus ingresos de un solo trabajo no le permitirían seguir cubriendo todos sus gastos. Para adaptarse a esta situación, Sofi comenzó a seguir estos pasos prácticos.

REEVALUACIÓN DEL PRESUPUESTO: analizó su presupuesto actual e identificó áreas donde podía reducir gastos sin comprometer sus necesidades básicas.

PRIORIZACIÓN DE GASTOS: estableció prioridades y se aseguró de cubrir primero los gastos esenciales, como vivienda, alimentos y servicios básicos.

BÚSQUEDA DE INGRESOS ADICIONALES: exploró opciones para generar ingresos adicionales, como *freelancing*, trabajos a tiempo parcial o actividades independientes.

NEGOCIACIÓN DE DEUDAS: contactó a sus acreedores (las personas o instituciones financieras a las cuales les debía) y les explicó su situación. Buscó acuerdos de pago flexibles o ajustes temporales en sus obligaciones financieras.

DESARROLLO DE HABILIDADES FINANCIERAS: invirtió tiempo en mejorar sus habilidades para tomar decisiones más informadas y gestionar eficazmente su dinero (como lo estás haciendo ahora al leer estas páginas).

¡TU TURNO!

Ahora llevemos la teoría a la práctica. Aquí es el punto de partida para que puedas plantear todas y cada una de tus metas financieras.

- Meta a corto plazo: _

  _

- Responde estas cinco preguntas (una por cada letra de SMART):

1. S (específica): ¿qué es exactamente lo que quiero lograr? _

   _

2. M (medible): ¿cómo sabré si lo logré?

   _

   _

3. A (alcanzable): ¿es realista para mí ahora mismo? ¿Qué recursos tengo?

   _

   _

4. R (relevante): ¿por qué es importante para mí?

____

____

5. T (temporal): ¿cuándo lo quiero lograr?
¿Cuál es el plazo? ____________________

____

- Escribe tu meta SMART completa, reuniendo la información que respondiste en la sección anterior:

____

____

Repite esta actividad para tus objetivos a corto, mediano y largo plazo. Tendrás un mapa de ruta infalible. ¡Goool! Ya diste el primer paso hacia el éxito financiero.

ZONA DETOX

- El dinero no define tu valor, pero aprender a manejarlo puede definir tu futuro.
- El dinero es una herramienta, no un fin en sí mismo.
- El dinero es un medio poderoso cuando se tiene la información necesaria para tomar decisiones enfocadas.
- Salud financiera es tener al menos dos fuentes de ingreso, una de activos y otra de pasivos.
- Adoptar metodologías, establecer planes de acción e identificar metas que sean viables te permitirá medir los avances de tus objetivos financieros.
- La adaptabilidad financiera te prepara para ajustar tus estrategias según las condiciones económicas y personales que se encuentran en constante evolución y cambio.

Capítulo 2

Detrás de cámaras del *show* de OPRAH

Derribando los mitos acerca del dinero

> "Lo que sé con seguridad
> es que lo que das vuelve a ti".
>
> **Oprah Winfrey**

Chismecito financiero

Si piensas en Oprah Winfrey, seguro te imaginas a una mujer poderosa, filántropa y magnate de los medios de comunicación. ¡Y con razón! Es dueña de la productora de entretenimiento Harpo Productions y fue fundadora del canal de cable Oprah Winfrey Network (OWN), que después de una década se vendería exitosamente al gigante Warner Bros.

En enero de 2024, su patrimonio ascendía a los 2.8 mil millones de dólares. Es posedora de bienes raíces importantes en California, así como 40 hectáreas en la isla hawaiana de Maui. El esquema de la página siguiente muestra cómo creció su fortuna de 2015 a 2024.

¿Aún no estás impresionado? Oprah también ha llegado a recibir importantes reconocimientos, como el Premio Emmy por The Oprah Winfrey Show, y ha sido reconocida en diversas ocasiones como una de las celebridades más influyentes, en medios tan serios e importantes como *Forbes*, *Life* y *Time*.

A lo largo de su trayectoria, ha donado más de 425 millones de dólares a causas benéficas. Puedes pensar que para una persona millonaria no es gran cosa donar algo a los demás. Si es así, déjame contarte que Oprah Winfrey no siempre llevó una vida llena de riqueza y glamur.

Nació en Kosciusko, una localidad de Misisipi, en 1954. La cuidaba su abuela, que literalmente la vestía con sacos de papas, por la pobreza en que vivían. A los seis años se mudó con su madre, pero la relación fue muy complicada.

Como te imaginarás, estas condiciones eran demasiado adversas para una niña, pues incluso llegó a tener problemas con la justicia. Afortunadamente, cuando esa chica tenía 14 años, su padre decidió hacerse cargo de ella. Fue muy estricto y se centró en la formación académica de la futura triunfadora.

En la escuela ella descubrió su talento para la oratoria y con 19 años comenzó a cubrir las noticias locales en una pequeña estación de radio. Ahí enfrentó otro problema: cuando cubría algún suceso doloroso, ella no podía dominar totalmente sus emociones, así que perdió el trabajo. Sin embargo, nunca se dio por vencida.

En un nuevo programa de entrevistas, su autenticidad y su empatía enamoraron al público. Se catapultó al estrellato y en 1986 se estrenó su programa de televisión *The Oprah Winfrey Show*, el cual duró al aire nada menos que 25 años. En ese espacio entrevistó a personas tan importantes como Barack Obama, Michael Jordan y Aretha Franklin. ¡Nada mal para una chica que empezó con todo en contra!

Pero detrás de las luces brillantes y el éxito arrollador, hay una historia con lecciones valiosas sobre las finanzas, así que sigue leyendo. En este capítulo podrás conocer el detrás de cámaras del éxito de Oprah, para derribar algunos de los mitos más comunes sobre el dinero. En especial, quiero que pongas mucha atención en lo más importante: ella es una hábil inversora. ¡Vamos al siguiente paso hacia tu libertad financiera!

Seis mitos acerca del dinero

Tú puedes disfrutar de los beneficios del éxito financiero. Así como Oprah, que comenzó desde una situación muy adversa y después logró convertirse en una de las mujeres más acaudaladas e influyentes del mundo. En su camino al éxito fue derribando mitos acerca de las finanzas. Del mismo modo, para acercarte a tus metas te será útil comenzar por cambiar algunas ideas, y para lograrlo primero debo ponerte en contexto porque nuestro país guarda diferencias con muchos otros, como Estados Unidos.

En México la mayoría de las personas ha crecido en medio de enfoques erróneos sobre las deudas, la riqueza y lo necesario para generarla. Lo que nadie te dice es que hablar de dinero no solo está relacionado con números y conceptos técnicos, sino con las emociones. ¡Mucho más de lo que te imaginas!

De hecho, cada vez que alguien toma una decisión sobre el dinero, la acompañan emociones que generalmente son de culpa o estrés. La última encuesta realizada por el INEGI sobre salud financiera arrojó datos alarmantes: el 50 % de los mexicanos se preocupan de que sus deudas se acumulen, el 16.1 % percibe como excesivo su nivel de endeudamiento y esto impacta en que el 37 % de la población viva un alto nivel de estrés financiero. Esto, incluso, se refleja en malestares físicos: dolor de cabeza, gastritis, cambios en la presión arterial o colitis.

Parece que hablar de dinero fuera malo, ¿verdad? Esto tiene su origen en seis mitos acerca del dinero. Pero antes de hablarte de ellos, quiero que leas un ejemplo de cómo estos mitos afectan nuestra economía.

Un día, en una comida familiar, empezamos a hablar de economía y algunos parientes afirmaban que para invertir se necesita mucho dinero y que nadie de ellos lo tenía. Como buena financiera, de inmediato decidí derribar ese mito con un ejemplo dentro de nuestra propia familia, y quiero contártelo.

Mi tía de 55 años, a quien llamaremos Karen, vive con restricciones financieras, a pesar de haber trabajado muy duro durante toda su vida. No tiene ni un peso ahorrado para su retiro, el cual ¡está tan solo a 10 años de llegar! Ella argumenta que siempre ha vivido al día, tiene dos hijos y nunca ha contado con el respaldo de una pareja para hacer frente a las eventualidades económicas. Dice que todo esto la ha hecho gastar sus ingresos en el día a día y no ha podido ahorrar.

Mi otra tía, a quien llamaremos Valeria, tiene 52 años y lleva un estilo de vida holgado. Ella también ha trabajado toda la vida. A diferencia de Karen, cuenta con un fondo de emergencia de 12 meses y desde sus 18 años comenzó a ahorrar para su retiro.

Mis dos tías llevan el mismo tiempo trabajando y tienen salarios parecidos. Pero ¿sabes cuál es la diferencia entre una y otra? La respuesta es educación financiera.

Karen decidió vivir el presente, sin preocuparse por el futuro. Usa el dinero pero el tema le provoca rechazo. Nunca ha tenido cultura del ahorro, educación financiera y mucho menos planificación a largo plazo. Karen ha gastado su dinero en experiencias pasajeras e inoportunas.

Asimismo, siempre ha estado confiada de lo que el gobierno ahorra para su retiro, por lo que no ha dedicado tiempo a planificarlo por su cuenta. Además, el vicio del cigarro le consume gran parte del presupuesto mensual. No solo está dañando su salud física, sino también su salud financiera.

En cambio, Valeria desde joven ha invertido en cursos, certificaciones y libros sobre finanzas personales. Desde que comenzó a trabajar, contrató un seguro de ahorro para el retiro que le da tranquilidad. En el futuro, tendrá un fondo de más de 30 millones. Y es que no importa si ganas 100 mil o 25 mil al mes, si no tienes la cultura del ahorro y la inversión, por más dinero que ganes, jamás te alcanzará.

Karen y Valeria tienen estilos de vida opuestos porque cada una decidió la versión de sí misma que sería de grande. Por eso te invito a reflexionar:

- De tus 25 a tus 50, son solo 25 años de diferencia (que se pasan de volada).

- Las decisiones que tomes durante este tiempo serán cruciales para la construcción de tu libertad financiera y la de tu familia. Haz que cada movimiento cuente.
- La vida no va a esperarte... y tampoco la inflación.

Pasemos ahora a los mitos que alimentan conductas de riesgo para tu libertad financiera. ¿Estás listo?

Mito 1. "Solo los ricos pueden invertir"

Este es uno de los mitos más comunes y limitantes en el ámbito financiero, una idea que deja fuera de la jugada a personas con ingresos modestos. Podrás decirme que Oprah comenzó a invertir cuando ya contaba con ingresos bastante buenos, pero tú no necesitas esperar a que eso te ocurra. ¡Al contrario!

En el pasado algunas oportunidades de inversión requerían un capital fuerte, pero en la actualidad existen formas de invertir con pequeñas cantidades de dinero. Además, hoy cuentas con el poder del interés compuesto, el cual permite que incluso pequeñas inversiones crezcan significativamente.

El interés compuesto se refiere a la capacidad de las inversiones de generar rendimientos sobre el capital inicial, pero también sobre los intereses previamente ganados. Más adelante te explicaré cómo usarlo. Ahora enfoquémonos en desechar este mito. Por si todavía te queda alguna duda, te comparto otro caso de éxito financiero.

Ronald Read fue un conserje que vivió de manera frugal y ahorró diligentemente a lo largo de su vida. A pesar de tener un trabajo modesto, Read invirtió pequeñas cantidades en empresas sólidas y mantuvo sus inversiones a largo plazo. Al momento de su fallecimiento, su cartera de inversiones valía más de 8 millones de dólares.

Desmontando el mito

Para desmitificar la idea de que solo los ricos pueden invertir, es importante adoptar un enfoque informado y estratégico. Aquí hay algunas formas de hacerlo:

- **Educación financiera:** Oprah siempre ha enfatizado la importancia de formarse en finanzas. En su programa destacó historias de personas comunes que construyeron riqueza con inversiones modestas pero consistentes. Hoy existen recursos accesibles para ayudarte a comprender los conceptos básicos de la inversión.
- **Comenzar pequeño:** No es necesario tener grandes sumas de dinero para empezar a invertir. Plataformas de inversión en línea permiten comenzar con pequeñas cantidades, algunas con tan solo 100 pesos.

- **Consistencia y paciencia:** Invertir regularmente y cultivar la paciencia es la clave. El tiempo y el interés compuesto pueden transformar pequeñas inversiones en una cantidad significativa.
- **Asesoría profesional:** Buscar el consejo de un asesor financiero puede ser útil para crear una estrategia de inversión que se adapte a tus necesidades y objetivos individuales.

Con disciplina, planificación y un enfoque a largo plazo, puedes alcanzar la libertad financiera sin ser rico ahora. La clave es invertir consistentemente y permitir que el interés compuesto haga su trabajo.

Mito 2. "El dinero es la raíz de todos los males"

Este es uno de los mitos más antiguos sobre el dinero. Nace de ciertas interpretaciones, especialmente de la cita bíblica en 1 Timoteo 6:10: "Porque raíz de todos los males es el amor al dinero, el cual codiciando algunos, se extraviaron de la fe, y fueron traspasados de muchos dolores". ¡Ojo! Es importante diferenciar entre el dinero como una herramienta y la codicia desmedida.

En su libro *What I Know for Sure*, Oprah menciona que el dinero tiene el poder de amplificar aquello que ya eres. Si tienes generosidad, el dinero te permite dar más a tus semejantes, pero si eres egoísta, te servirá solo para desear cada vez más, sin mejorar tu vida ni las de quienes te rodean. Para que esto te quede todavía más claro te comparto el siguiente ejemplo de riqueza bien utilizada.

Oprah Winfrey ha utilizado su riqueza para empoderar a las personas y mejorar la educación en Sudáfrica, a través de su academia de liderazgo Oprah Winfrey Leadership Academy for Girls, desde 2015. Ha financiado escuelas y becas, brindando acceso a la educación a quienes más lo necesitan. Además, uno de sus objetivos ha sido promover la igualdad de oportunidades a través de programas para apoyar a mujeres y niñas.

Desmontando el mito

Las verdaderas fuentes de problemas con el dinero son la codicia y el amor desmedido por aquello que el dinero da, no el dinero en sí. Aquí te presento algunas formas de contrarrestar esta mentira:

- Que tu educación financiera tenga un enfoque positivo. Entender el dinero como una herramienta neutra y aprender a utilizarlo de manera efectiva y ética.
- Filantropía y responsabilidad social. Promover y participar en actividades filantrópicas y de responsabilidad

social, utilizando la riqueza para generar un impacto positivo.

El dinero no es intrínsecamente malo. Se trata de la relación que desarrollas con él y cómo lo usas.

Mito 3. "Ganar mucho dinero garantiza la felicidad"

Este mito está en el extremo opuesto del anterior. Es alimentado por medios de comunicación, publicidad y redes sociales, que a menudo muestran la riqueza como el camino definitivo hacia una vida plena. Pero la realidad es más compleja.

Un estudio realizado por la Universidad de Princeton en 2010 encontró que el bienestar emocional se estabiliza cuando se alcanzan ingresos anuales de alrededor de 75 mil dólares. Más allá de este punto, los incrementos ya no ayudan significativamente a aumentar la felicidad.

Todos pasamos alguna vez en la vida por este mito, y para desmontarlo quiero compartirte mi experiencia personal como empresaria. Hace tres años decidí embarcarme en un viaje que cambiaría mi vida para siempre. Así nació *The Financial Detox*, mi marca personal.

Mi empresa nació del deseo de mejorar la calidad de vida en México y América Latina a través de la educación financiera. Descubrí que a la gente le gustaba mi manera de explicar términos financieros complejos con videos sencillos y divertidos. La respuesta fue muy motivadora. ¡Reconocí que este es mi propósito de vida!

Sin embargo, en mi afán por hacer crecer mi marca y generar más dinero, cometí un error común. Me sumergí por completo en el trabajo, enfocándome solo en el crecimiento del negocio. Vivía y respiraba The Financial Detox, olvidándome de que, aunque soy la CEO de mi propia empresa, yo no soy la empresa.

Cuando creía que había alcanzado la cima de mi carrera, viví una situación que prácticamente me dejó sin nada. Fue un momento de crisis que me obligó a reflexionar. Entendí que Paulina Anguiano no es el dinero o el éxito profesional, sino las relaciones de valor que había construido: mi familia, mi esposo, mis socios, mis amigos... mis detoxers, mi comunidad.

Hoy, The Financial Detox sigue creciendo, pero de manera equilibrada. Aprendí a valorar y cuidar mis relaciones personales tanto como mi negocio. Esta experiencia me ha permitido compartir no solo conocimientos financieros, sino también lecciones de vida. Ahora entiendo que el dinero puede ser una herramienta poderosa, pero jamás será la clave de la felicidad.

Al redefinir nuestra relación con el dinero, podemos enfocar nuestros esfuerzos en lo que realmente importa y encontrar una felicidad duradera y genuina.

Desmontando el mito

La creencia de que ganar mucho dinero garantiza la felicidad simplifica demasiado la vida humana. Aquí te muestro algunos antídotos:

- **Propósito y significado.** La verdadera felicidad a menudo proviene de encontrar un propósito en la vida. Esto incluye relaciones personales auténticas, trabajo significativo y contribuciones a la comunidad.
- **Vida equilibrada.** Mantener un balance entre el trabajo y la vida personal es crucial para el bienestar. El dinero no puede compensar la ausencia con la familia y los amigos o el descuido de la salud física y mental.
- **Filantropía y generosidad.** Ayudar a los demás puede aumentar la satisfacción personal y el sentido de propósito.

El dinero facilita muchas cosas, pero la verdadera felicidad proviene de relaciones significativas, salud mental y física y tener una vida llena de propósito y pasión.

Oprah me daría la razón, pues a pesar de que sufrió un aborto en el pasado y que nunca tuvo hijos, ella ha comentado que no ha vuelto a sentir un vacío. ¿Cómo logró esa relación humana positiva y profunda? En gran medida, gracias a las chicas a quienes ayuda en su fundación.

Mito 4. "El éxito financiero es cuestión de suerte"

Otra de las creencias más persistentes es que el éxito financiero es fruto del azar. Esta idea sugiere que quienes alcanzan la riqueza lo hacen por coincidencias afortunadas, mientras que quienes no lo logran simplemente no tuvieron la misma suerte.

Pero ¿de dónde proviene esta idea? ¿Por qué está tan arraigada? La respuesta no es agradable: esta idea puede ser reconfortante para algunos, ya que reduce la responsabilidad personal en la gestión de sus finanzas. Al atribuir el éxito a la suerte, se evade el papel que juegan la planificación y el esfuerzo en el logro de metas.

Las herencias inesperadas, las inversiones que rinden por encima del promedio o encontrarse en el lugar correcto en el momento adecuado parecen explicar el éxito de algunos. Sin embargo, estos eventos son excepciones. La mayoría de las historias tienen detrás de cámaras un trabajo arduo, decisiones informadas y planificación cuidadosa.

Te comparto que el éxito de The Financial Detox es el fruto de una visión clara, un esfuerzo constante, un excelente trabajo en equipo, la comprensión de las necesidades de mi comunidad y un profundo compromiso con mi propósito de vida: mejorar a México y Latinoamérica a través de la educación financiera.

En mi viaje como empresaria, descubrí que tengo facilidad para comunicar, para hacer *networking* y aprender y transmitir conocimientos, lo que me ha llevado a tener más de cinco fuentes de ingresos, colaboraciones con marcas increíbles y a participar en proyectos que enamoran a cualquiera.

Desmontando el mito

Para neutralizar la idea de que el éxito financiero es cuestión de suerte, es importante reconocer y practicar los siguientes principios:

- **Educación financiera, siempre.** Cuanto más sepamos sobre cómo funcionan las finanzas, mejor preparados estaremos para tomar decisiones informadas.
- **Trabajo duro y perseverancia.** El éxito financiero requiere esfuerzo constante y la capacidad de superar los obstáculos.
- **Planificación y estrategia.** Tener un plan financiero claro y estrategias efectivas para administrar el dinero es esencial. Esto incluye el ahorro, la inversión y la gestión de deudas.
- **Adaptabilidad y resiliencia.** La capacidad de adaptarse a los cambios es crucial, porque el camino al éxito financiero rara vez se parece a una línea recta, como viste en el esquema al inicio de este capítulo.

La libertad financiera se basa en la educación en finanzas, el trabajo duro y la toma de decisiones informadas.

Mito 5. "El dinero es solo para gastar"

Esta creencia está arraigada en la cultura del consumo. Los medios, la publicidad y las redes sociales nos bombardean con invitaciones para gastar en productos y experiencias que supuestamente nos harán ser felices o tener éxito. Esto puede promover comportamientos financieros irresponsables, como gastar más de lo que se gana, acumular deudas y no ahorrar para el futuro.

Y es que el consumo inmediato puede proporcionar una gratificación instantánea, pero no conduce a una felicidad duradera. De hecho, genera un ciclo de insatisfacción y estrés. Gastar todo lo que se gana deja a las personas vulnerables ante cualquier imprevisto y les impide aprovechar oportunidades de inversión y crecimiento financiero.

Recuerda la estrategia ganadora de Oprah quien, en lugar de conformarse con una carrera televisiva que no duraría para siempre, se diversificó e invirtió en distintos proyectos, como WeightWatchers, una compañía dedicada al cuidado del control de peso.

Yo también, en mi propio viaje financiero aprendí a manejar el dinero de manera más inteligente, en vez de satisfacer compulsivamente deseos inmediatos. Hubo momentos en los que me vi tentada a gastar sin pensar en el futuro. Sin embargo, a través de la educación financiera y la disciplina, aprendí que el dinero es una herramienta para crear estabilidad y oportunidades. Este cambio de perspectiva no solo me ha ayudado a alcanzar mis metas financieras, sino que también me permitió enseñar a otros a lograr sus propósitos.

Desmontando el mito

Para derribar el mito de que el dinero es solo para gastar, es crucial adoptar una mentalidad de planificación y estrategia financiera. He aquí algunas formas de lograrlo:

- **Presupuesto y ahorro.** Esto incluye destinar una parte de los ingresos al ahorro para emergencias, jubilación y metas a largo plazo.
- **Metas financieras.** Establecer metas financieras claras nos ayuda a enfocar nuestros esfuerzos y a utilizar el dinero de manera estratégica. Estas metas pueden ser comprar una casa, financiar la educación de los hijos o alcanzar la independencia financiera.
- **Inversión inteligente.** Aprender a invertir de manera inteligente hará que el dinero trabaje para nosotros. Las inversiones bien planificadas pueden generar ingresos pasivos y aumentar la riqueza a lo largo del tiempo.

- **Diversificación.** Invertir en una variedad de opciones privadas y públicas puede proteger tu dinero de los cambios constantes en el mundo de las finanzas.

Manejar el dinero con inteligencia e invertir en oportunidades de crecimiento puede cambiar positivamente tu vida.

Mito 6. "Solo haciendo trampa se puede hacer dinero"

Quiero concluir esta sección con uno de los mitos más perjudiciales que nos alejan del éxito financiero. Es la creencia de que solo aprovechándose de los demás o siendo deshonesto se puede acumular riqueza. Lo cierto es que la integridad, el trabajo duro y la innovación son los verdaderos generadores de riqueza.

A lo largo de mi carrera he podido comprobar que el camino hacia la riqueza legítima está pavimentado con educación financiera, disciplina y decisiones inteligentes. Nunca subestimes el poder de estos pilares. Ya hemos platicado sobre el primero, así que revisemos los otros dos.

1. **Disciplina financiera.** Los millonarios éticos suelen vivir por debajo de sus verdaderas posibilidades, invierten sabiamente y evitan las deudas innecesarias.

2. **Decisiones inteligentes.** Es importante identificar y aprovechar oportunidades de negocio e inversión, sin comprometer la ética, ya que esto siempre será la clave para construir una riqueza sostenible.

Y como siempre te doy pruebas contundentes, aquí te traigo otro ejemplo de nuestra queridísima Oprah. Ella construyó su imperio mediático basándose en la autenticidad, la empatía con su público y el trabajo duro. Su enfoque en temas relevantes y su capacidad para conectar con las personas han sido la base de su éxito.

Desmontando el mito

Creer que solo haciendo trampa se puede hacer dinero es una excusa para no aprender y aplicar principios financieros sólidos. Aquí te presento cómo puedes enviar este mito directo a la basura:

- **Transparencia y honestidad.** Los negocios exitosos se construyen sobre la confianza. La honestidad con los clientes, empleados y socios es fundamental para mantener relaciones duraderas y fructíferas.
- **Valor a largo plazo.** Las decisiones a largo plazo, en lugar de las ganancias rápidas y fáciles, son las que construyen fortunas sostenibles. Esto incluye hacer in-

versiones cuidadosas, ofrecer productos de calidad y enfocarte en la satisfacción del cliente.

- **Educación financiera continua.** Las finanzas cada día presentan innovaciones importantes, por lo cual es fundamental mantenerse al día, adaptarse a los cambios y aprovechar nuevas oportunidades sin comprometer la ética.

La innovación y la toma de riesgos calculados, combinados con una ética sólida, llevan a la creación de riqueza y al avance de la sociedad.

¡TU TURNO!

- Escribe tres frases que resuman lo que piensas sobre el dinero.

1. ______________________________

2. ______________________________

3. ______________________________

- Reflexiona de dónde vienen estas ideas: ¿las aprendiste de tu familia, tus amistades o en la escuela? ______________________

____

- ¿De qué manera te han limitado estas creencias en tu relación con el dinero? ______________

____

- ¿Utiliza alguna de las herramientas que revisamos a lo largo del capítulo para reformular una de estas ideas. (Por ejemplo: disciplina financiera, presupuesto y ahorro, vida equilibrada, etcétera).

____

____

- **Define una pequeña acción que puedas hacer hoy para mejorar tus finanzas.**

ZONA DETOX

- Invertir pequeñas cantidades de manera consistente hará que tu capital crezca significativamente con el tiempo.

- Ver el dinero como una herramienta para crear oportunidades y seguridad financiera, no solo como un medio para gastar, es fundamental.

- La felicidad proviene de relaciones significativas, salud y de una vida con propósito.

- El éxito financiero proviene de la educación financiera, el trabajo duro, la planificación cuidadosa y la capacidad de resiliencia.

- La mentalidad de planificación y estrategia incluye la inversión inteligente, la diversificación, las metas financieras y el presupuesto y ahorro.

- Los pilares de la riqueza legítima son la educación financiera, la disciplina y tomar decisiones inteligentes.

Capítulo 3

Consejos de nuestra tía $HAKIRA

Un paso a la vez hacia una mejor salud financiera

> “La riqueza consiste mucho más en el disfrute que en la posesión”.
>
> **Aristóteles**

Chismecito financiero

Shakira es una existosa cantante, compositora y productora que ha conquistado al mundo con su música, pero también es una mujer de negocios, una estratega y un ícono de la reinvención constante. Según estimaciones recientes, su fortuna neta ronda los 300 millones de dólares, lo que la coloca como una de las artistas más ricas del mundo.

Ha lanzado más de 11 álbumes de estudio que le han generado millones de dólares en ventas de discos y reproducciones en plataformas de *streaming*. Solo con la gira El Dorado World Tour, que recorrió más de 50 ciudades, logró recaudar más de 100 millones de dólares.

Pero su éxito no se limita a los estudios de grabación y los escenarios. Ha cerrado acuerdos multimillonarios con marcas como Pepsi, Oral-B, Reebok y Nike, creando flujos de ingresos adicionales. Además, invierte en bienes raíces, con propiedades en Miami, Bahamas y Barcelona. Por si fuera poco, también es creadora de la Fundación Pies

Descalzos, que apoya a comunidades desfavorecidas.

Sin embargo, al igual que muchos de nosotros, Shakira ha enfrentado retos financieros. Su caso más reciente en 2018 con el fisco español, donde se le acusó de evasión de impuestos, nos recuerda que incluso los más exitosos necesitan mantener sus finanzas en orden. La cantidad que se le reclamó fue cercana a los 14.5 millones de euros.

Según Hacienda, Shakira había residido en España más de 183 días al año entre 2012 y 2014, lo que la obligaba a tributar en el país, pero la colombiana argumentaba que su residencia oficial estaba en Las Bahamas. Durante años, el proceso legal fue un dolor de cabeza mediático para ella. Aunque pudo seguir luchando, en 2023 llegó a un acuerdo y pagó una multa millonaria.

Aunque Shakira ha mantenido su inocencia y su caso está cerrado, el incidente nos deja una valiosa lección: el dinero que no está bien gestionado o que no cumple con las regulaciones puede convertirse en una pesadilla, sin importar cuánto generes.

Si algo caracteriza a esta gran artista, además de su talento, es su resiliencia. Ha sabido convertir cada revés en una oportunidad. Su separación con Gerard Piqué (que incluyó disputas sobre propiedades y activos conjuntos) fue una crisis personal que se transformó en un negocio millonario y un golpe infalible contra el desamor y la mala prensa.

Su “Bzrp Music Session #53” no solo se hizo viral, sino que se volvió una máquina de dinero gracias a las reproducciones en *streaming* y las regalías. Este desafío personal terminó siendo un recordatorio de que la inteligencia financiera no solo está en cuánto ganas, sino en cómo usas lo que tienes a tu favor.

Tal como ella ha sabido reinventarse después de todos estos obstáculos, nosotros también tenemos a la mano habilidades para superar nuestras crisis personales y financieras. Ya sea enfrentando una deuda inesperada, un mal negocio o un error de inversión, lo importante es tener la capacidad de aprender, reajustar y seguir adelante.

Shakira, con su éxito y sus tropiezos, nos enseña que avanzar implica evaluar constantemente nuestras decisiones, adaptarnos cuando sea necesario y aprender de nuestros errores. Ahora no queda duda: es esencial identificar aquellos patrones, hábitos o comportamientos que están afectando tu salud financiera. Es tiempo de despedirte de ellos de una vez por todas.

Pequeños cambios, cartera saludable

Antes de comenzar con cualquier cambio, necesitamos un diagnóstico. Imagina que sientes un malestar en tu cuerpo, pero no sabes bien de qué se trata. Luego de una búsqueda rápida en Google, empiezas a reducir la sal en tus comidas porque supones que es hipertensión. Pero después de una semana sigues sin ver mejora. Rápidamente vas con el doctor, quien hace un historial médico donde registra tus síntomas, tu estilo de vida y cualquier información relevante para darte un diagnóstico y recomendaciones específicas para ti.

Algo muy similar pasa con las finanzas. Si notas que tu dinero no rinde como esperabas o que te cuesta ahorrar, podrías hacer cambios al azar, como reducir algunos gastos o invertir sin una estrategia clara. Pero sin un diagnóstico preciso, es posible que tus acciones no tengan el impacto deseado e incluso que el problema sea más grave. En este capítulo identificaremos qué comportamientos o hábitos están afectando tu salud financiera para que diseñes un plan de acción solo para ti.

Como diría nuestra querida tía Shakira: "Los números no mienten". Al final del día, tus decisiones reflejan si estás avanzando o si necesitas un cambio de forma urgente. Hay muchos hábitos que podrían perjudicarte: la falta de planificación o tal vez el uso excesivo de tarjetas de crédito. Quizá te das uno que otro gustito frecuentemente a través de las aplicaciones de *delivery*, que al sumarlo resulta ser una fuga significativa de dinero.

Pero los cambios no suceden de la noche a la mañana, la clave está en empezar con pequeños pasos. Desde controlar tus gastos hasta empezar a invertir, con cada acción te acercarás más a una cartera saludable.

Empieza observando en qué se va tu dinero mes a mes. Haz una lista de todos tus gastos y después divídelos en tres categorías:

- **Gastos fijos:** No cambian entre un mes y otro y son esenciales (renta, hipoteca, servicio, transportes, colegiaturas).
- **Gastos variables:** Pueden cambiar cada mes, pero son necesarios (comida, salud, gasolina).
- **Gastos discrecionales:** Son opcionales, como entretenimiento, compras compulsivas, suscripciones.

Aunque un gasto no es bueno ni malo como tal, sí puede afectar tu estabilidad financiera. Veamos el caso de mi amiga Daniela que me pidió consejo porque llegaba al fin de la quincena con lo justo, no entendía en qué se iba su dinero y por qué le era imposible ahorrar e invertir. Le pedí que a lo largo de un mes hiciera un registro de todos y cada uno de sus gastos. En cuanto terminó, la invité a mi casa para que nos sentáramos juntas a resolver el misterio. Así nos quedó su diagnóstico:

Gasto fijo	Cantidad	Gasto variable	Cantidad	Gasto discrecional	Cantidad
Renta	4500	Gasolina	1500	Cafés, comidas fuera y *delivery*	3500
Comida	4000			Ropa y compras impulsivas	4500
				Suscripciones	1800
Total	8500	Total	1500	Total	9800

Al sumar el total de las tres categorías, resultó que gastaba mensualmente 19 800, cuando sus ingresos eran de 20 mil. Daniela estaba impactada de que más del 30 % de su dinero se fuera en gastos discrecionales. ¡No se había dado cuenta de que le seguían cobrando suscripciones que ya ni usaba!

Al identificar qué estaba afectando su estabilidad financiera, aplicamos el plan "Pequeños cambios, cartera saludable":

1. De acuerdo a la regla 50-30-20, acordamos asignar únicamente el 30 % de su sueldo (6 mil pesos) a sus gastos personales, que en este caso son los discrecionales.

2. Revisamos el estado de cuenta de sus tarjetas para detectar cargos automáticos de suscripciones que no utilizaba. Canceladas. Los 1 800 se redujeron a mil pesos.
3. Planteamos la meta de reducir a 1 500 el monto de las compras impulsivas para que el total no rebasara el presupuesto de 6 mil pesos para esta categoría.
4. Comprobamos que las cuentas cuadraran en esta columa: 1 000 + 1 500 + 3 500 = 6 000.
5. Buscamos distintas opciones de ahorro e inversión para que destine cada mes el 20 % de su sueldo (4 mil pesos) mientras genera intereses.

El primer paso para mejorar tu salud financiera es hacer visible lo invisible. Si no sabes a dónde va tu dinero, no puedes tomar decisiones informadas sobre él. Así que prepárate para una limpieza profunda, inspirada en la capacidad de reinvención y resiliencia de una de las artistas más icónicas de nuestra era.

Saldrás fortalecido, con claridad en tus objetivos financieros y listo para enfrentar el futuro con la certeza de que estás construyendo una vida financiera sólida y próspera. ¡Es hora de tomar el control, sacudir lo que no funciona y empezar a mover tus finanzas en la dirección correcta!

El presupuesto no engaña

La herramienta más poderosa para recuperar el control de tus finanzas es el presupuesto. Al hacer un registro detallado de todos tus ingresos y egresos, serás capaz de tomar decisiones informadas que sin duda le devolverán la salud a tu cartera. Saber en qué gastas cada mes evitará situaciones de descontrol en las que el dinero "desaparece" de tu cuenta.

Ya te he platicado un poco sobre este tema, pero ahora te invito a trabajar en él con mayor detalle. El registro de presupuesto que te propongo sigue la regla de 50/30/20, donde 50 % son gastos necesarios, 30 % son gastos personales y 20 % se destina a ahorro y proyectos. Volvamos al caso de Daniela para poner este recurso en acción.

Antes que nada anotemos cada uno de los ingresos que percibe a lo largo de un mes en la tabla que te muestro abajo.

INGRESOS	IDEALES	REALES
TRABAJO DE OFICINA	20 000	20 000
FREELANCE	10 000	0
TOTAL	30 000	20 000

En la primera columna están las distintas actividades por las que recibe cierta cantidad al mes. Daniela no solo tiene un trabajo de oficina, sino que de vez en cuando acepta proyectos externos como colaboradora freelance. Creía que este mes le pagarían un proyecto por el que cobró 10 mil, pero a la mera hora le avisaron que el pago tardaría más, así que el monto real se volvió cero. El total de sus ingresos reales fue de 20 mil. A partir de esta cantidad haremos la distribución del presupuesto.

REGLA 50/30/20	CANTIDAD
NECESIDADES (50% DEL INGRESO TOTAL)	10000
DESEOS (30% DEL INGRESO TOTAL)	6000
AHORROS (20% DEL INGRESO TOTAL)	4000
TOTAL DEL PRESUPUESTO	20000

El total de sus ingresos reales equivale al total de su presupuesto para la regla 50/30/20. La sumatoria de las necesidades, los deseos y los ahorros debe coincidir con esta cantidad. Veamos el registro de las necesidades en la siguiente página.

NECESIDADES	PRESUPUESTO	ACTUAL
RENTA	4 500	4 500
COMIDA	4 000	4 000
GASOLINA	1 500	2 000
TOTAL	10 000	10 500

Ups, uno de sus gastos se salió del presupuesto. En la columna de "Actual" pusimos los montos actuales de la lista, es decir, lo que realmente gastó. Aunque Daniela tenía considerada la cantidad de 1 500, este mes utilizó más veces su auto. No es extraño que esta diferencia suceda con los gastos variables, quizá el siguiente mes decide volver a casa en bicicleta algunos días y así pagaría menos. Vayamos con los gastos personales o los deseos.

DESEOS	PRESUPUESTO	ACTUAL
BEBIDAS Y ALIMENTOS (CAFÉS, COMIDAS FUERA Y *DELIVERY*)	3 500	3 500
ROPA Y COMPRAS IMPULSIVAS	4 000	4 000
SUSCRIPCIONES	1 000	1 800
TOTAL	6 000	9 800

En esta tabla vemos claramente representado el ejercicio de las páginas anteriores. Daniela hacía compras sin llevar un registro con un presupuesto. Gastaba tanto en esta categoría que apenas le sobraba dinero. Ni hablar de los ahorros e inversión, que estarían así en su registro:

AHORRO/RETIRO Y DEMÁS	PRESUPUESTO	ACTUAL
PLAN PERSONAL DE RETIRO	2 000	0
FONDO DE EMERGENCIA	1 000	0
INVERSIONES	1 000	0
TOTAL	4 000	0

Esta tabla está en ceros porque todos los ingresos de Daniela se terminaron en las necesidades y los deseos. Por ir más allá de su presupuesto en estas categorías, hubo un desbalance en los porcentajes. Pero no entremos en pánico. A través de este registro, pudo identificar cuáles gastos creaban un desequlibrio y qué cantidades debía destinar a cada categoría de acuerdo con un presupuesto.

Aunque no haya cumplido con la regla de 50/30/20 a lo largo de este mes, aplicará sus nuevos conocimientos y herramientas para el próximo. Con un presupuesto más claro y definido, Daniela planteó sencillas acciones para reducir gastos innecesarios y ahorrar para sus metas a largo plazo.

¿SE CUMPLIÓ CON LA REGLA?	MARCA X
SI	
NO	X

Acciones por mejorar para el próximo mes (ya sean gastos o cantidad ahorrada)

1. Gastos necesarios (servicios básicos, alimentación, renta, transporte, etcétera)
2. Gastos personales (ropa, viajes, salidas, etcétera)
3. Ahorro y proyectos

Esta estrategia refleja una lección clave de nuestra tía Shakira: el éxito financiero no ocurre por casualidad, sino que requiere control y disciplina. A lo largo de su carrera, ha sabido administrar sus ingresos para asegurar su estabilidad económica. Planificar con una visión a largo plazo te ayudará a alcanzar tus metas sin comprometer tu bienestar financiero, manteniendo un equilibrio entre disfrutar el presente y construir un futuro sólido.

Tu estado de cuenta no miente

Las tarjetas de crédito son una herramienta poderosa cuando se usan correctamente, pero también pueden ser peligrosas si se convierten en una extensión de ingresos que no tienes. Muchas personas caen en la trampa de usarlas sin control, acumulando intereses y viviendo en un ciclo de deuda sin fin.

Son un tipo de crédito revolvente que pareciera tener el cielo como límite, cuando en realidad el tope está determinado hasta una cantidad máxima (línea de crédito). Es revolvente porque, al realizar los pagos, inmediatamente se renueva.

Aunque ofrecen conveniencia y la generación de historial crediticio, si no pagas el "saldo para no generar intereses" cada mes, estos aumentan rápidamente, y un gasto pequeño se convierte en una carga financiera. La tasa de interés de una tarjeta de crédito varía entre 40 % y 105 % anual, mucho más alta que otras formas de crédito. Puede ser sumamente riesgoso depender de este tipo de tarjetas para vivir, al grado de convertirse en la única fuente de ingresos.

Te cuento el caso de Carlos, un conocido, quien usaba su tarjeta de crédito para todo, desde salidas con amigos hasta compras de última hora. En menos de un año, su saldo acumuló intereses tan altos que su sueldo mensual de profesionista apenas cubría los intereses, dejando la deuda prácticamente intacta. Estaba en tal crisis que mejor buscó la ayuda de un asesor para establecer límites y salir de su deuda.

Aprender a usar el crédito de manera responsable es clave para mantener tus finanzas bajo control. El estado de cuenta de tu tarjeta es el punto de partida para entender en dónde estas parado. Al revisar detenidamente cada mes tus cargos, fechas de pago y tasas de interés, evitarás endeudarte, aprovecharás los beneficios y tomarás decisiones informadas para proteger tu estabilidad económica.

Supongamos que tienes una tarjeta de crédito en El Dorado, un banco ficticio inspirado en la estrella de este capítulo. Tiene todas las bases y regulaciones necesarias de cualquier otra institución financiera. Además, ofrece términos y condiciones claros para las personas que soliciten créditos. Cada mes puedes consultar un estado de cuenta similar al de otros bancos que incluye las siguientes secciones:

EL DORADO

TARJETA DE CRÉDITO LOBA PLATINUM

1 RESUMEN: Te muestra un panorama de tu tarjeta: límite de crédito y crédito disponible durante el periodo.

2 PAGOS: Datos importantes para estar al corriente y generar un buen historial crediticio.

INFORMACIÓN DE LA CUENTA

Periodo	14 de febrero a 14 de marzo de 2025
Fecha de corte	29 de marzo de 2025
Fecha límite de pago	04 de abril de 2025
Pago mínimo	
Pago para no generar intereses	

Límite de crédito	
Saldo anterior	
Cargos del periodo	
Intereses	
Comisiones	
Disponible	

3 MOVIMIENTOS: Resumen de lo que hiciste en el periodo con tu tarjeta de crédito.

RESUMEN DE MOVIMIENTOS

Saldo anterior	
Compras	
Disposiciones en efectivo	
Pagos y depósitos	
Intereses	
Comisiones	
IVA	
Saldo programas a plazo	
Saldo actual al corte	

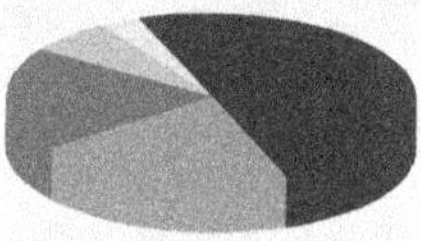

Número de cuenta	
RFC	
Número de cliente	
Días transcurridos del periodo	
Saldo promedio diario	

4 CONDICIONES DEL CRÉDITO: Características del crédito, como tasas de interés y comisiones.

Costo Anual Total sin IVA (CAT)	
Tasa de interés anual	
Ordinaria	
Moratoria	
Intereses efectivamente pagados	
Comisiones efectivamente cargadas	
IDE	

Tasa de interés mensual	
Tasa de rendimiento	

5 PROMOCIONES Y BENEFICIOS: Información para aprovechar las promociones más atractivas.

HIPS DON'T LIE CASHBACK

Obtén **10%** de reembolso en compras de entretenimiento, conciertos y suscripciones de música.

Información de puntos de recompensa durante el periodo

Saldo inicial	Puntos generados	Puntos utilizados	Saldo actual

6 PUNTOS: Puntos y sugerencias de recompensas accesibles para ti.

Puntos por vencer

Junio	
Julio	
Agosto	

Sugerencia de recompensas

1		Recompensa 1	
Punto 2		Recompensa 2	
Punto 3		Recompensa 3	

¡Ya no hay pierde! Consulta en línea o imprime tus estados de cuenta de cada una de tus tarjetas de crédito. Ve a la sección de resumen para saber cuánto pagas en intereses mensuales. Si el saldo no es manejable, acércate a tu banco para negociar una tasa de interés más baja o un plan de pagos. Un método infalible para evitar intereses innecesarios es usar este tipo de tarjetas solo para gastos esenciales y pagar el saldo total cada mes.

Borrón y cuenta nueva

Uno de los problemas más comunes que enfrenta la mayoría de las personas es el exceso de deudas. Ya sea por préstamos personales, tarjetas de crédito o hipotecas, es fácil perder el control y caer en un círculo vicioso. Además, puede afectarte emocionalmente y comprometer tu estabilidad financiera a largo plazo.

El sobreendeudamiento ocurre cuando una persona tiene más deuda de la que puede pagar de manera realista y supera su capacidad de pago. Esta situación puede llevar a la incapacidad de cubrir los pagos mínimos de las tarjetas de crédito o los préstamos, acumulando intereses altos y penalizaciones, al grado de tener un reporte en el buró de crédito.

Como recordarás, la regla del 50/30/20 sugiere que no más del 20 % de tu ingreso neto lo destines a inversión o ahorro, y es en este apartado donde se incluye el pago de tus deudas. Si destinas el porcentaje completo o aún más, te expones a un desbalance peligroso, sin mencionar que podrías quedarte en ceros para cuidar tu ahorro e inversión. ¡Una verdadera pesadilla!

CASOS DE ÉXITO. LA MADRE TRABAJADORA

Pensemos en Luisa, una madre trabajadora que tuvo una serie de emergencias financieras: una crisis médica, el pago de colegiaturas y reparaciones urgentes en el hogar. Echó mano de su fondo de emergencia, pero aun así le era imposible sostener esos gastos fuertes. Pidió un préstamo personal en el banco y además utilizó varias tarjetas de crédito. Aunque sus ingresos eran estables, acumuló tantas deudas que llegó a usar una tarjeta para pagar otra. Para salir del círculo vicioso y reestructurar su presupuesto familiar aplicó la estrategia de la bola de nieve.

1. **Identificó la deuda con el saldo menor: fue su primer objetivo.**
2. **En las siguientes mensualidades, hizo el pago mínimo de todos los créditos, excepto en su deuda objetivo.**
3. **Concentró todos tus esfuerzos en liquidar la deuda objetivo: aportó dinero extra y pagó la cantidad más alta posible.**

4. Repitió los pasos mes con mes, con cada una de las deudas, hasta que terminó de pagar la última.

Para utilizar esta estrategia, ve paso por paso. Primero, desglosa tus deudas anotando tus créditos de menor a mayor, de acuerdo con el saldo que debes, e incluye los pagos mínimos para cada uno. Toma la siguiente tabla como ejemplo:

CRÉDITO	CANTIDAD	PAGO MÍNIMO MENSUAL
TARJETA DE CRÉDITO	6 000	500
Crédito departamental	7 500	600
Crédito automotriz	100 000	3 370
Total	113 500	4 470

Señala la deuda de hasta arriba como tu deuda objetivo, puedes subrayar, colorear o poner un asterisco. Ahora, al total de la columna del mínimo mensual réstale el mínimo de tu deuda objetivo (4 470 - 500 = 3 970) y considera este monto resultante como parte de tus gastos necesarios para cada mes. El propósito es que pagues el mínimo de cada crédito, menos el de tu deuda objetivo.

Siguiente paso: ¡eliminar esa deuda objetivo de tu lista! Sé que no será fácil, pero tu compromiso con la estrategia te llevará cada vez más lejos. No te rindas y da tu mejor esfuerzo. Te sugiero reducir tus gastos al mínimo y conseguir fuentes alternas de ingresos, pero ¡cuidado!, que esas fuentes no sean nuevos créditos.

Te planteo este escenario: si le sumaras 500 pesos al pago mínimo de esta deuda objetivo, es decir, si aportaras dinero extra, en seis meses la habrías liquidado por completo. Al séptimo mes tendrías un crédito menos y podrías utilizar esa cantidad para incrementar el pago de la nueva deuda objetivo, la segunda de tu tabla. Así funciona la bola de nieve, se hará más y más grande hasta que termine por derribar todas y cada una de tus deudas.

En la siguiente imagen te muestro el efecto de esta estrategia. Las cifras en color naranja representan el pago de la deuda. En violeta está el saldo después de hacer el pago. Observa cómo al terminar de pagar una deuda y sumar ese monto al pago del siguiente crédito, la deuda disminuye y también es menor el tiempo de pago.

CRÉDITO	CANTIDAD	PAGO MÍNIMO MENSUAL	MES 1	MES 2	MES 3	MES 4	MES 5	MES 6	MES 7	MES 8	MES 9	MES 10
Tarjeta de crédito	6 000	500	1 000 5 000	1 000 4 000	1 000 3 000	1 000 2 000	1 000 1 000	1 000 0				
Crédito departamental	7 500	600	600 6 900	600 6 300	600 5 700	600 5 100	600 4 500	600 3 900	1 600 2 300	1 600 700	700 0	
Crédito automotriz	100 000	3 370	3 370 96 630	3 370 93 260	3 370 89 890	3 370 86 520	3 370 83 150	3 370 79 780	3 370 76 410	3 370 73 040	4 270 68 770	4 970 63 800

La lección es clara: sin importar tu nivel de ingresos, cuando no se gestionan correctamente las deudas y obligaciones, puedes caer en situaciones difíciles. Así como Shakira, quien ha acumulado una gran fortuna y ha enfrentado situaciones en las que tuvo que reevaluar sus decisiones financieras, como el caso con el fisco español. No olvides que, para evitar el exceso de deuda, es esencial tener siempre una visión clara de tu capacidad de pago.

El pequeño ladrón de grandes sueños

Los gastos hormiga son esos pequeños desembolsos que parecen inofensivos, pero terminan sumando cantidades significativas. Esos cafés de la mañana, las *apps* de comida o las suscripciones a servicios que no usas pueden estar vaciando tus cuentas. Identificar estos gastos y eliminarlos (o reducirlos) es fundamental para ahorrar y redirigir ese dinero hacia metas financieras más importantes, como inversiones o el pago de deudas.

Durante una semana, registra todos los gastos pequeños que haces diariamente. Suma el total y multiplícalo por cuatro para saber cuánto gastas al mes. Evalúa cuáles de ellos son realmente necesarios y cuáles puedes eliminar o reducir. Considera que puedes preparar café en casa, al igual que cocinar. Si no utilizas suscripciones, es momento de cancelarlas.

Te cuento el caso de Mariana, una oficinista que siempre a media mañana va a la cafetería por un café y *snacks*. En total gasta 80 pesos diarios, es decir, 400 en su jornada laboral de lunes a viernes. Si lo multiplicas por cuatro, estos gastos hormiga suman 1 600 pesos al mes. Y si todavía lo multiplicas por 12, ¡al año suma 19 200!

Esta cantidad podría haberla invertido en su fondo para el retiro o podría haberla ahorrado para sus próximas vacaciones. Es crucial que tomemos conciencia de esos pequeños gastos diarios que, sin darnos cuenta, sabotean nuestros planes financieros a largo plazo.

Es mera apariencia

Gastar para impresionar a lo demás es un fenómeno estrechamente ligado a la teoría del consumo conspicuo, propuesta por el economista Thorstein Veblen. Explica que a menudo las personas adquieren bienes no solo por necesidad, sino como una forma de demostrar estatus social.

Comprar artículos de lujo o experiencias exclusivas puede hacer que nos sintamos exitosos por un instante, pero cuando este hábito se convierte en una norma, puede comprometer gravemente nuestras finanzas personales. Este tipo de gasto parece inofensivo, pero puede convertirse en una trampa que nos aleje de nuestras metas.

Te comparto el caso de Andrea, una joven ejecutiva que adquiría frecuentemente ropa de marca y era fan de unos restaurantes que ofrecían la carta más innovadora. Le encantaba lucir ropa exclusiva y, por si fuera poco, renovaba constantemente ese guardarropa para mantener la deliciosa sensación que da la ropa nueva.

Le gustaba subir a las redes sociales fotografías modelando esa ropa que le quedaba tan bien, o mostrando el elaborado platillo que estaba a punto de consumir. Aunque su sueldo era competitivo, no lograba ahorrar.

Al analizar sus gastos e ingresos, Andrea entendió que estaba gastando para mantener una imagen frente a sus amigos y colegas. Decidió limitar las cenas a solo una vez al mes y a comprar ropa de marca solo para alguna cena de negocios o alguna ocasión muy especial. Con este pequeño cambio, Andrea ahorró y destinó ese dinero a una necesidad real que había pasado por alto: un fondo de emergencias.

La riqueza de una persona va más allá del dinero, al igual que su valor. Las experiencias materiales caras pueden darnos una satisfacción inmediata y la sensación de que pertenecemos a cierta clase social, pero no sustituyen lo que realmente tiene valor. Tus proyectos, tus valores, tus conexiones auténticas y el impacto que dejas en el mundo, por ejemplo. Piensa en Shakira, una artista mundialmente reconocida con un patrimonio millonario a la que rara vez verás haciendo alarde de una vida lujosa.

Vuelve al último registro de gastos que tengas y revisa si has hecho alguna compra para mantener una imagen o demostrar riqueza. Ya sea con la compra de ropa de marca, el último modelo de celular o cenas en restaurantes caros, muchas veces nuestros gastos están motivados más por la presión social que por una verdadera necesidad o deseo personal.

Te sugiero incluirlos en la categoría de gastos discrecionales y establecer un límite mensual en tu tabla de "Deseos" para que tu presupuesto no se vea afectado. Puedes invertir ese dinero que ahorres en tu fondo de emergencias o una cuenta de ahorro.

Llegamos al final de nuestro capítulo inspirado en la tía Shakira, pero esto es solo el comienzo de una nueva etapa para tus finanzas. Revisamos algunos de los problemas más comunes que afectan la cartera de muchos, como el exceso de deudas y los gastos hormiga, y encontramos en el presupuesto la solución para enfrentar el riesgo de las tarjetas de crédito y la falta de control sobre nuestras finanzas personales.

Aunque algunos hábitos o comportamientos parecen inofensivos, pueden arrastrarte a un ciclo difícil de romper. Por eso te invito a que te despidas de ellos de una vez por todas. Es hora de crear una vida con finanzas más saludables. El éxito está en tus manos. ¡Nos vemos en el siguiente capítulo!

¡TU TURNO!

Para este punto ya hiciste gran parte de tu diagnóstico. ¡Bravo! Anota a continuación tres hábitos, patrones o comportamientos que han dañado la salud de tu cartera.

1. ___________________________

2. ___________________________

3. ___________________________

Ahora afina los detalles de tu plan de acción personalizado. Escribe acciones concretas o pequeños cambios que puedes hacer para generar un impacto positivo en tu estabilidad financiera.

1. ___________________________

2. ___________________________

3. ___________________________

ZONA DETOX

- El primer paso para mejorar tu salud financiera es hacer visible lo invisible mediante un registro de tus gastos mensuales.
- El presupuesto es la herramienta más poderosa para tomar decisiones informadas y evitar situaciones de descontrol en tu cartera.
- Un hábito sumamente recomendable es revisar tus estados de cuenta con frecuencia para saber dónde estás parado.
- Para evitar el sobreendeudamiento, conoce tu capacidad de pago y liquida una a una tus deudas con la estrategia de la bola de nieve.

- Los gastos hormiga son pequeños gastos con un impacto significativo que conviene reducir o eliminar para beneficio de tu estabilidad financiera a largo plazo.

- La verdadera riqueza de una persona se mide por su calidad de vida, proyectos, valores, conexiones y el impacto que deja en el mundo.

Capítulo 4

Reynolds: el nuevo tiburón de HOLLYWOOD

Elige tu dificultad: ahorro vs. inversión

“Se puede perder dinero a corto plazo, pero necesitas del largo plazo para ganar dinero”.

Peter Lynch

Chismecito financiero

Lo primero que se nos viene a la mente cuando hablamos de Ryan Reynolds es su humor mordaz y su carisma en pantalla. Sin embargo, detrás de ese encanto hollywoodense, se esconde un tiburón financiero. Aquí te cuento cómo sus decisiones estratégicas lo han convertido en uno de los actores más hábiles y ricos de su generación.

Con una fortuna estimada en 350 millones de dólares, la trayectoria de Reynolds refleja un enfoque inteligente en el manejo de su dinero. Ha diversificado sus fuentes de ingresos más allá de la actuación al invertir estratégicamente en negocios con un alto potencial de crecimiento.

Uno de sus movimientos más sonados fue su inversión en Aviation American Gin, una marca de ginebra que adquirió en 2018. Con su ingenio para el *marketing*, Reynolds se convirtió en el rostro de la marca y la elevó a la fama mundial, utilizando sus redes sociales y su popularidad para generar ventas. En 2020 vendió la compañía en un acuerdo que alcanzó los 610 millones de dólares, lo que representa una jugada maestra de inversión.

Pero Reynolds no se detuvo ahí. En 2019 también se hizo con una participación en Mint Mobile, una compañía de telecomunicaciones de bajo costo. Esta inversión ha resultado ser un gran éxito, pues la marca crece rápidamente en el mercado estadounidense.

Hay más: en 2021, Ryan y su socio Rob McElhenney adquirieron el Wrexham AFC, un pequeño club galés de fútbol, que ha atraído la atención global gracias a la narrativa que han creado en torno al equipo y su lucha por ascender en la liga. El impacto mediático ha generado ingresos inesperados, principalmente a través de la serie documental *Welcome to Wrexham*.

Este capítulo se centra en un enfoque muy especial: ahorro vs. inversiones. Al igual que Ryan, tú también puedes aprender a jugar con estas dos herramientas clave para alcanzar tus metas financieras.

Elige tu dificultad: ¿ahorrar de manera segura pero lenta? ¿O invertir con mayor riesgo y con la posibilidad de mayores recompensas?

Olfato de tiburón

Aunque el ahorro y la inversión parecen dos caminos distintos, ambos pueden llevarte al éxito financiero si los aplicas de manera adecuada.

El ahorro es la estrategia que todos conocemos: guardar parte de nuestros ingresos para el futuro. Es seguro, fácil de entender y no requiere grandes conocimientos financieros. Pero en momentos de alta inflación, el ahorro a menudo pierde poder adquisitivo. Ahorrar es importante, pero puede que no te haga rico.

Por otro lado, la inversión es la estrategia que muchos desean dominar. Sin embargo, invertir conlleva riesgo y no siempre obtienes ganancias. Aquí es donde entra en juego tu tolerancia al riesgo y tu capacidad para tomar decisiones informadas.

Verás cómo, al igual que Ryan Reynolds ha diversificado su cartera de inversiones, tú también puedes aprender a elegir tu nivel de dificultad en este juego financiero. No se trata solo de cuánto dinero tienes, sino, sobre todo, de cómo lo utilizas.

No importa si eres de los que prefieren mantener su dinero seguro en una cuenta de ahorros o si te consideras un tiburón financiero dispuesto a tomar riesgos calculados, este capítulo te mostrará cómo tomar las mejores decisiones según tus objetivos.

El balance en alta mar

¿Cuál es el secreto para ser un tiburón en las finanzas? Simple: saber cuándo ahorrar y cuándo invertir. Mientras muchos de nosotros nos enfocamos únicamente en ahorrar, Reynolds nos muestra que el verdadero crecimiento está en invertir de manera calculada y en sectores que ofrecen potencial de crecimiento.

En el caso de Aviation Gin, Ryan no se limitó a comprar una participación y esperar a que la empresa creciera por sí sola. Dedicó tiempo y esfuerzo en hacerla crecer, utilizando su imagen pública para agregar valor a la marca. Este tipo de enfoque activo es algo que cualquier persona puede aprender, aunque sea en menor escala.

Por otro lado, invirtió en la empresa de telefonía inalámbrica llamada Mint Mobile. Esto nos demuestra una vez más que diversificar en diferentes industrias y no concentrar todo el capital en un solo sector es una estrategia clave para mitigar riesgos y construir un futuro financiero sólido.

El éxito no se construye de la noche a la mañana, pero con las decisiones correctas cualquiera puede llegar a multiplicar su patrimonio. Al igual que en cualquier relación o inversión, el balance es fundamental.

Desde 2012 Ryan está casado con Blake Lively, otra estrella de Hollywood, pero también una mente empresarial aguda. Aunque Blake no ha estado tan involucrada en las inversiones de Ryan de manera directa, el apoyo mutuo y la colaboración entre ambos es evidente. Lively, además de su carrera como actriz, también ha emprendido en el mundo de los negocios, lanzando su propia línea de productos.

En muchas entrevistas, Ryan ha hablado de que Blake es su socia en la vida. La estabilidad emocional que tienen como pareja le ha permitido concentrarse en sus proyectos empresariales sin distracciones.

Tener a alguien que te apoye, te motive y con quien compartas tus objetivos financieros es fundamental para el éxito a largo plazo. No es exclusivo de Reynolds, pues muchas otras parejas saben manejar sus finanzas de manera inteligente. Al igual que en los negocios, las alianzas personales juegan un papel crucial en la creación de un patrimonio sólido.

Si algo podemos aprender de Ryan (y Blake) es que las decisiones financieras deben ser estratégicas y alineadas con nuestros objetivos. Desde elegir bien a qué dedicas tu tiempo y dinero, hasta elegir un buen compañero de vida que te apoye en esos momentos clave, cada movimiento cuenta para construir el futuro financiero que deseas.

¿Estás listo para elegir tu dificultad en el juego financiero? Porque Ryan y Blake ya lo hicieron, y los resultados hablan por sí solos.

Una base sólida

La renta fija, y en particular los bonos de Gobierno, es una de las formas más seguras de inversión. Al comprar uno de estos bonos, prestas dinero al Estado a cambio de una tasa de interés fija durante un periodo determinado. Este tipo de inversión es ideal para quienes prefieren evitar el riesgo y buscan un crecimiento estable de su dinero.

Los Cetes (Certificados de Tesorería) son instrumentos de este tipo donde el usuario le presta dinero al Gobierno para financiar proyectos y, en un plazo determinado, lo que invirtió le es devuelto junto con los intereses generados por el capital inicial. ¡Puedes hacerlo a partir de 100 pesos! En la plataforma de Cetes Directo, encontrarás distintas opciones a distintos plazos que varían en sus rendimientos.

Plazos			Rendimientos
	Cetes	Desde 1 mes hasta 2 años	Entre 11.05 % y 11.92 %
	Bonos	De 3 a 20 años	Entre 8.69 % y 9.97 %
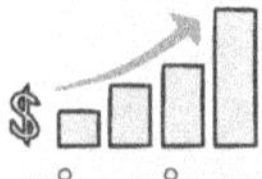	Udibono	3, 20 o 30 años	Entre 4.05 % y 4.61 %
	Bondesf	2, 5 y 10 años	Entre 10.75 % y 11.11 %
	Bonos de protección al ahorro bancario, emitidos por el IPAB	3, 5 y 7 años	Entre 10.53 % y 11.06 %
	Fondos de inversión manejados por Enerfin	Sin vencimiento	Tasa de 5.82 %

Fuente: Cetes Directo

Cetes es el bono de Gobierno más accesible y seguro para los pequeños inversionistas. Si inviertes 10 mil pesos a una tasa del 9 % al final de un año habrás generado un rendimiento fijo de 900 pesos. Aunque no es una recompensa enorme, es segura y está garantizada por el Gobierno.

¿Sabías que quienes están alrededor de los 30 son quienes más invierten en este instrumento? Te muestro más datos curiosos e información sumamente interesante.

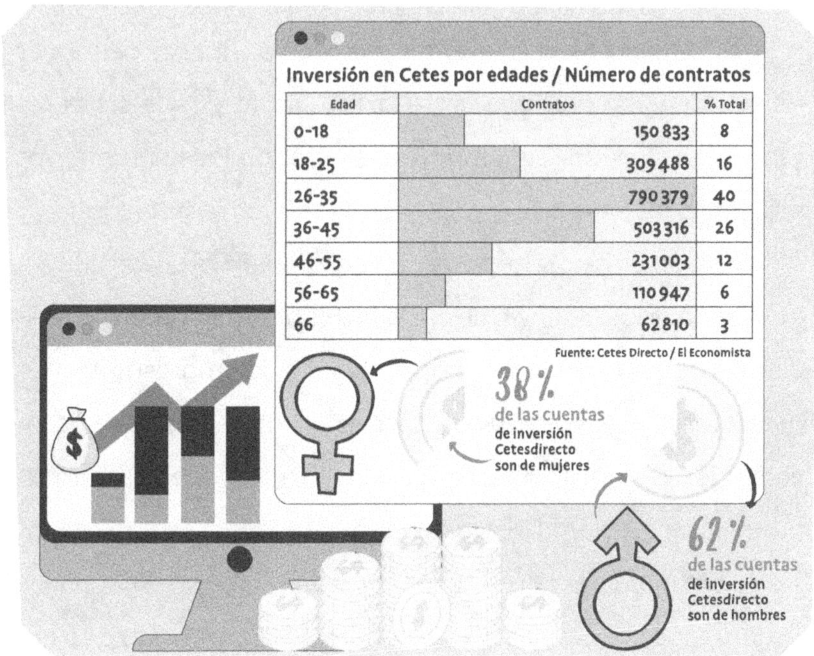

Inversión en Cetes por edades / Número de contratos

Edad	Contratos	% Total
0-18	150 833	8
18-25	309 488	16
26-35	790 379	40
36-45	503 316	26
46-55	231 003	12
56-65	110 947	6
66	62 810	3

Fuente: Cetes Directo / El Economista

Si bien las inversiones de alto riesgo le han dado grandes retornos al actor, cualquier empresario sabe que es importante mantener una base de inversiones seguras, como los bonos de Gobierno, para proteger su capital de forma constante.

El riesgo con recompensas

La renta variable consiste en una inversión donde un rendimiento fijo no está garantizado. El dinero que ganas o pierdes depende de los cambios del precio del instrumento financiero que elegiste. Su valor puede subir o bajar según factores como la economía, el desempeño de la empresa o la demanda de los inversionistas.

A diferencia de la renta fija, la renta variable es de mayor riesgo, pues no hay una certeza de cuánto puede ser el retorno de inversión. Sin embargo, es uno de los instrumentos más utilizados en el mercado por su mayor rentabilidad.

Ryan es el ejemplo perfecto de alguien que toma riesgos calculados. Al invertir en Mint Mobile y Aviation American Gin, sabía que estaba apostando por empresas con un gran potencial, pero que también implicaban riesgos. Las inversiones en renta variable son similares: pueden tener más fluctuaciones, pero brindan grandes recompensas, si eliges las oportunidades correctas.

Entre los principales instrumentos de renta variable se encuentran los siguientes:

- **Acciones de empresas.** Consiste en comprar una parte de la empresa, aportando así a su capital. Si la situación económica y el comportamiento de los mercados financieros es favorable, puedes obtener grandes rendimientos.

Imagina que compras 10 acciones de una empresa a 50 pesos cada una, por lo que inviertes 500 en total. Si la empresa crece y el precio de la acción sube a 70, tus 10 acciones ahora valen 700 pesos.

- **Divisas.** De manera constante el tipo de cambio entre monedas de distintos países se encuentra fluctuando. Si la moneda en la que invertiste sube de valor en comparación con otra, ganas dinero con esa diferencia.

Supongamos que compras mil dólares cuando el tipo de cambio para un dólar es 18 pesos mexicanos, en total gastaste 18 mil pesos. Tiempo después, el tipo de cambio sube a 20 pesos, lo que significa que ahora tus mil dólares valen 20 mil pesos. Si los vendes en ese momento, obtendrás 2 mil pesos más de lo que invertiste inicialmente. Esa diferencia es tu ganancia.

- **ETF.** También conocidos como fondos de inversión cotizados (*Exchange Traded Funds*), funcionan como un grupo de inversiones que se pueden comprar y vender en la bolsa. Imagínate la bolsa como un gran mercado, donde hay instrumentos financieros (bonos, acciones y otros activos) en lugar de ropa o fruta.

Entre ellos, el más destacado es el S&P 500, que representa las 500 empresas más bursátiles de Estados Unidos. Compañías como Apple, Tesla o Coca-Cola negocian sus acciones con mayor frecuencia y volumen en la bolsa por su importancia y liquidez en el mercado financiero. En el 68 %

de casi 100 años, este instrumento ha mostrado un rendimiento positivo y promedio del 10 por ciento.

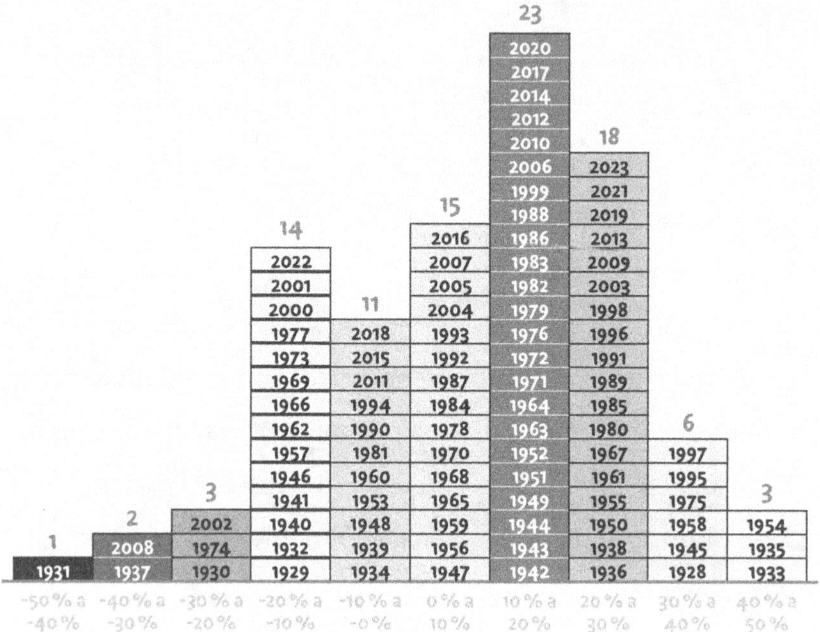

CASOS DE ÉXITO. LA INGENIERA AUDAZ

Laura, una joven ingeniera, quería tomar riesgos calculados con parte de su dinero. En total tenía 60 mil pesos para invertir, pero buscaba diversificar. Acudió a un *broker* regulado (GBM, Kuspit, Finamex) por la Comisión Nacional Bancaria de Valores (CNBV) para definir qué activos financieros compraría. No fue necesario ir directamente a

la bolsa de valores porque este intermediario facilita el proceso de compra y venta.

Al evaluar sus posibilidades, decidió dividir los 60 mil pesos en seis partes iguales para comprar acciones de empresas (Costco, Tesla, Apple y NVIDIA), pero también ETF (IVV y QQQ). Después de un plazo de cinco años, el rendimiento de todos sus activos había superado sus expectativas, multiplicando el monto inicial que había invertido. ¡Excelente! Checa nada más estos números:

ACTIVO	INVERSIÓN INICIAL	RENDIMIENTO	VALOR FINAL
COTSCO	10 000	158.02 %	25 802.47
IVV	10 000	55.93 %	15 593.22
QQQ	10 000	100 %	20 000
TESLA	10 000	420 %	52 000
NVDIA	10 000	743.92 %	84 391.93
APPLE	10 000	261.91 %	36 191.94
FECHA DE INICIO	01/08/2019	FECHA FINAL	21/08/2024

Invertir en tu futuro

Los Planes Personales de Retiro (PPR) son un tipo de inversión a largo plazo diseñados específicamente para ayudarte a ahorrar para tu jubilación. Te permiten generar un fondo considerable a través de aportaciones periódicas. Estos planes ofrecen una combinación de ahorro e inversión: el dinero que depositas se invierte en diversos instrumentos financieros y genera rendimientos con el tiempo.

Además de ayudarte a construir un fondo para tu retiro, los PPR ofrecen beneficios fiscales. Esto quiere decir que las aportaciones que haces pueden deducirse de tus impuestos, lo que te permite reducir tu carga fiscal y, a la vez, generar ahorros. En México, los PPR son deducibles hasta por un monto equivalente al 10 % de tus ingresos anuales o el límite que establezca el Servicio de Administración Tributaria (SAT), lo que sea menor.

Además, los PPR te permiten elegir cómo se invierte tu dinero. La mayoría de los planes ofrecen varias opciones, desde inversiones en renta fija (más seguras) hasta fondos de renta variable (más riesgosas). La idea es que, con el tiempo, el crecimiento de tu fondo supere la inflación, asegurando que podrás vivir cómodamente durante tu jubilación.

Aunque no conocemos detalles específicos sobre los planes de retiro de Ryan Reynolds, lo cierto es que las estrellas de Hollywood también planifican su futuro financiero. No basta con vivir del éxito actual, es necesario asegurar que el capital siga creciendo.

Por su interés en diversificar, es muy probable que esté asegurando un retiro cómodo a través de vehículos financieros como los PPR o su equivalente en Estados Unidos (cuentas 401K o cuentas Roth IRA).

Cómo funcionan

- **Aportaciones periódicas.** Los PPR requieren que hagas depósitos regulares. Puedes elegir la frecuencia de las aportaciones y el monto. A mayor cantidad y constancia en las aportaciones, mayor será el monto acumulado al final del plazo.
- **Generación de rendimientos.** Los PPR invierten tu dinero en instrumentos financieros que generan rendimientos. Estos pueden ser en renta fija (bonos, deuda gubernamental) o renta variable (acciones, ETF), dependiendo del perfil de riesgo que elijas.
- **Beneficios fiscales.** En México, las aportaciones a los PPR son deducibles de impuestos. Esto significa que puedes restar el monto aportado a tu PPR en tu declaración anual, este reporte que personas y empresas presentan ante el SAT para informar sobre sus ganancias en un año y el pago de impuestos.

- **Largo plazo.** Como son una inversión a largo plazo, los PPR están diseñados para ser liberados solo cuando llegues a la edad de retiro (generalmente 60 o 65 años). Si decides retirar antes el dinero, podrías enfrentar penalizaciones y perder los beneficios fiscales.
- **Protección del capital.** Muchos PPR incluyen seguros de vida o cobertura por invalidez, lo que garantiza que, en caso de algún imprevisto, tus seres queridos reciban el fondo acumulado.

Ventajas

- **Ahorro forzado.** Al ser un plan a largo plazo, te obliga a ahorrar disciplinadamente.
- **Beneficios fiscales.** Puedes deducir tus aportaciones de los impuestos, lo que te da un doble beneficio (ahorro + menos impuestos).
- **Flexibilidad.** Puedes elegir cuánto aportar y cómo invertir tu dinero.

CASOS DE ÉXITO. LA VENDEDORA PREVISORA

Martha es una vendedora de 35 años a la que últimamente le preocupa su futuro. Aunque le va bien en sus proyectos, no tiene pres-

taciones ni ahorro para el retiro, teme depender de lo que gane en el momento. Investigando, descubre los PPR e inmediatamente pide citas con distintas aseguradoras para conocer sus opciones. Después de evaluar sus ingresos y posibilidades de pago, concluye que mensualmente podría aportar 2 500 pesos. En una asesoría le presentan la siguiente información:

EDAD	APORTACIÓN	MONTO APROXIMADO A RECIBIR EN EDAD DE RETIRO
25 años	2500	19464164
35 años	2500	7584706
45 años	2500	2955574
55 años	2500	714051

Se da cuenta de que si hubiera aportado desde antes a un PPR, la cantidad acumulada habría sido más significativa, gracias a la magia del interés compuesto. Cuanto antes empieces a ahorrar, mayor será el impacto del interés compuesto en tu fondo.

Pero se siente motivada para ponerse al corriente en este momento de su vida. Para cuando llegue a los 65 años, habrá acumulado más de 7 millones de pesos. Además, cada año podría deducir de sus impuestos los 30 mil que aporta (2 500 por 12 meses), lo que le permitirá optimizar aún más sus finanzas.

Seguridad y valor a largo plazo

Las inversiones en bienes raíces son una de las formas más tradicionales de inversión. Aunque requieren una inversión inicial significativa, generan ingresos pasivos a través de rentas y se revalorizan con el tiempo. La propiedad inmobiliaria es considerada una inversión de bajo riesgo en comparación con las acciones, aunque puede implicar mayores costos iniciales.

Imagina que compras un departamento por 1 millón 500 mil pesos. Decides alquilarlo y obtienes 10 mil pesos al mes en renta. Esto genera 120 mil pesos al año. Si además el valor del departamento se incrementa un 5 % anual, en cinco años podrías venderlo por casi dos millones de pesos, obteniendo una ganancia tanto por la renta como por la revalorización.

Al igual que su compra del equipo de fútbol Wrexham AFC, las inversiones inmobiliarias de Reynolds representan un activo que genera valor a largo plazo.

Invertir en bienes raíces es una forma sólida de hacer crecer tu patrimonio con el tiempo, algo que Ryan y su socio han logrado.

Una ruta segura

Las Sofipo (Sociedades Financieras Populares) en México ofrecen productos de ahorro e inversión para pequeños y medianos inversionistas. Estas entidades están reguladas por la Comisión Nacional Bancaria y de Valores (CNBV) y ofrecen rendimientos superiores a los de los bancos tradicionales, algo atractivo para quienes buscan mejores rendimientos sin asumir riesgos excesivos.

Supongamos que inviertes 10 mil pesos en una Sofipo que ofrece un rendimiento del 9 % anual. Al final del año, habrás ganado 900 pesos, un rendimiento considerablemente más alto que el que obtendrías en una cuenta de ahorro tradicional. Además, tienes la seguridad adicional de estar protegido por el seguro Prosofipo hasta por 25 mil UDIS (aproximadamente 210 mil pesos).

Te presento seis opciones para que les eches un ojo. Considera que las tasas de interés varían y están sujetas a cambios.

INSTITUCIÓN	TASA	VIGENCIA
ualá	15 %	31-DIC-24
nu	13.50 %	09-OCT-24
stori	15 %	30-SEP-24

cetesdirecto ahorro seguro y a tu medida	11.20 %	...
SuperTasas.com	13.50 %	30-SEP-24
mercado pago	15 %	...

Si bien las Sofipo son una opción única para el mercado mexicano, el concepto de rendimiento seguro con un riesgo limitado es algo que los inversores como Ryan Reynolds buscan constantemente. No todos los activos de un empresario exitoso están en inversiones volátiles, muchas veces se opta por diversificar con inversiones más estables y seguras, lo que ofrece un crecimiento a largo plazo con menos estrés financiero.

Un tiburón elige su dificultad

En este capítulo, te mostré cómo Ryan Reynolds ha pasado de ser una estrella de Hollywood a convertirse en un tiburón en los negocios, utilizando estrategias financieras inteligentes que van desde las inversiones en empresas emergentes hasta la adquisición de equipos deportivos.

Lo que hemos aprendido de su trayectoria es que las decisiones financieras no se excluyen mutuamente: ahorrar e invertir son caminos que se complementan. Ahorrar nos brinda la estabilidad que necesitamos para manejar los riesgos del futuro, mientras que invertir es la llave para desbloquear verdaderas oportunidades de crecimiento. Ambos recursos son importantes. El secreto está en saber cuándo usar cada herramienta.

La moraleja aquí es clara: *elige tu dificultad*. Ya sea que prefieras la seguridad del ahorro o la emoción del riesgo calculado en las inversiones, lo importante es tener un plan claro y disciplinado.

Piensa en las diversas opciones de inversión: los bonos de Gobierno, las acciones, los PPR y las Sofipo, cada uno con sus ventajas y desventajas.

Asimismo, aprendimos una lección valiosa sobre las alianzas. Al igual que Ryan y Blake Lively, tener un compañero o compañera que te apoye y comparta tus metas puede ser un factor decisivo en tu éxito financiero. Al final del día, las decisiones de este tipo no se toman en el vacío, dependen de tus circunstancias, tu entorno y tu capacidad para gestionar riesgos y oportunidades.

Ahora que tienes más herramientas para entender cómo funciona el mundo del ahorro y la inversión, ¿estás listo para aplicar estas estrategias y llevar tus finanzas al siguiente nivel? El próximo capítulo te guiará aún más lejos en este viaje hacia la libertad financiera.

¡TU TURNO!

Trabajemos con las primeras dos columnas de la sección de ahorro de tu presupuesto. Si aún no tienes un monto designado según la regla del 50/30/20, es un buen momento para que lo definas. Hasta abajo de la columna "Presupuesto", anota la cantidad que designarás cada mes al ahorro, fondo de retiro y otras inversiones.

En la primera columna haz una lista de los objetivos que tienes en la mira: ¿PPR, ahorro en Cetes o en una Sofipo, comprar ETF? A lo mejor es un viaje que tienes planeado, en este caso harías aportaciones a corto o mediano plazo hasta llegar al monto deseado. Distribuye el monto total de tu presupuesto entre tus objetivos, pero ten cuidado de no rebasarlo.

AHORRO/RETIRO Y DEMÁS	PRESUPUESTO
TOTAL	

Toma una opción y llena la siguiente información sobre el instrumento donde harías crecer tu dinero:

- Objetivo:
- Instrumento financiero:
- Cantidad mensual:
- Plazo:
- Tasa de interés:
- Monto final:

Haz lo mismo con el resto y prueba distintas opciones de inversión. Así comenzarás a diversificar, pero también verás las diferencias entre instrumentos. Elige el que mejor se adapte a tus necesidades y objetivos.

ZONA DETOX

- Los bonos de Gobierno son una excelente opción para quienes buscan seguridad y crecimiento estable.
- Invertir en renta variable (acciones, ETF) implica mayor riesgo, pero también ofrece mayores recompensas a largo plazo.
- Los Planes Personales de Retiro (PPR) son fundamentales para asegurar una jubilación cómoda y aprovechar ventajas fiscales.
- Las inversiones en bienes raíces generan ingresos pasivos por renta y permiten revalorizar el capital invertido con el tiempo.
- Las Sofipo son una alternativa confiable y accesible en México para obtener mayores rendimientos sin tanto riesgo.
- Elegir bien a tu compañero o compañera de vida puede impactar positivamente tus finanzas.

Capítulo 5

La fórmula de Bezos para construir IMPERIOS

Ante una crisis, visión y resiliencia

"Vista es lo que ves con tus ojos.
Visión es lo que ves con tu mente".

Robert Kiyosaki

Chismecito financiero

Jeff Bezos es uno de los hombres más ricos del mundo. Con una fortuna actual estimada en 150 mil millones de dólares, muchos lo ven como el epítome del triunfo empresarial. Pero su camino hacia ese inmenso patrimonio estuvo lleno de momentos de incertidumbre, riesgos gigantescos y una caída espectacular de las acciones de Amazon que estuvo a punto de llevar a la empresa al colapso en sus primeros años.

Jeffrey Preston Bezos nació en 1964, en Alburquerque, Nuevo México. Estudió Ciencias de la Computación e Ingeniería Eléctrica en la Universidad de Princeton. Antes de ser millonario trabajó en una compañía de fibra óptica y en un fondo de inversión de Wall Street. Pero su ascenso comenzó verdaderamente cuando fundó Cadabra.com, una librería en línea que pronto se convertiría ni más ni menos que en Amazon.

En 2015 ya era el quinto hombre más rico del mundo y para 2017 llegó al primer puesto en la lista de multimillonarios de *Forbes*.

¿Cómo pasa alguien de vender libros en línea desde su garaje a liderar un imperio global que ha transformado el comercio, la tecnología, los medios de comunicación y el espacio exterior? La respuesta: con persistencia e innovación. Pero, sobre todo, con visión y resiliencia.

En 1997, Amazon salió a la bolsa con un precio de 18 dólares por acción, recaudando 54 millones. Para Bezos, esto no era solo una victoria financiera, sino una oportunidad para reinvertir en la empresa. Una de sus primeras decisiones fue dedicar las ganancias a mejorar la infraestructura tecnológica y expandir la gama de productos. Si bien los inversores tradicionales buscaban utilidades rápidas, Bezos estaba más enfocado en el largo plazo, lo que no siempre fue bien recibido.

Este éxito inicial fue seguido rápidamente por una época oscura. A principios de la década de 2000, durante la llamada *burbuja de las punto com*, las acciones de Amazon se desplomaron. Pasaron de un máximo de casi 100 dólares a menos de seis dólares en tan solo unos meses. Muchos expertos financieros pronosticaban el fin. Los inversores perdieron la confianza y el futuro de la empresa pendía de un hilo.

Pero mientras otros vendían sus acciones y *tiraban la toalla*, Bezos se mantuvo firme. Sabía que su enfoque en la inversión en infraestructura y experiencia del cliente era clave para el crecimiento futuro. Y es precisamente esta capacidad de resiliencia lo que le permitió sobrevivir a la crisis.

Amazon no es solo una empresa: es el reflejo de una visión imparable de lo que podría ser el futuro de la venta al por menor y de los negocios en general. Desde los inicios de Amazon en la década de 1990 hasta convertirse en la mayor tienda en línea del mundo, Bezos la ha liderado con una frase que lo define: "Es siempre el día uno".

El *día uno* simboliza la mentalidad de no conformarse nunca. No importa lo lejos que hayas llegado, siempre es el primer día de lo que está por venir. Cada decisión debe tomarse con el mismo entusiasmo, pasión y hambre de innovación que al principio.

La historia de Bezos es el caso de éxito perfecto por su mentalidad a largo plazo, su resiliencia y su habilidad para actuar sin temor al riesgo. Así es como construyes imperios y así es como transformas tus finanzas personales de simplemente sobrevivir a prosperar.

Protección ante riesgos financieros

Un aspecto fundamental de esta fórmula que construye imperios es la tolerancia al riesgo. Desde los primeros días de Amazon, cuando muchos dudaban de la viabilidad de una tienda en línea, Bezos estaba dispuesto a arriesgar. No de modo irresponsable, sino calculando cada paso y sabiendo que algunas apuestas podrían no funcionar.

Bezos es famoso por decir: "Si quieres tener éxito en los grandes negocios, debes estar dispuesto a fallar". Este principio puede parecer contradictorio, pero es clave para cualquier plan financiero. No se trata de asumir riesgos con imprudencia, sino de estar dispuesto a invertir en el futuro. No todos los movimientos generarán éxito inmediato, pero cada paso te llevará más cerca de tus metas.

En nuestras propias finanzas, esto se traduce en aprender a invertir con visión de futuro. Tal vez un instrumento de renta variable en el que pones dinero no rinde de inmediato, pero si sabes que tiene potencial a largo plazo, es un riesgo calculado que vale la pena. La clave es no tenerle miedo al fracaso y siempre gestionar el riesgo de manera informada.

En el mundo de las inversiones, existen diferentes tipos de riesgos que pueden afectar el valor de tus activos y tu capacidad para obtener rendimientos. A continuación te explico de manera sencilla las características de cada uno:

1. **Riesgo de liquidez.** La liquidez se refiere a qué tan pronto puedes acceder a tus recursos cuando los necesitas sin que pierdan valor. Supongamos que tu carro se descompuso y necesitas 5 mil pesos extra para cubrir este gasto imprevisto. Tienes esta cantidad, pero desafortunadamente está invertida a un plazo de un año. Es imposible utilizarla de inmediato. La solución es guardar tu fondo de emergencia en un instrumento con liquidez diaria.
2. **Riesgo de crédito.** El riesgo de que una parte no cumpla con sus obligaciones de pago. Si alguien solicita un préstamo, es esencial conocer su capacidad de pago a futuro. Las empresas o instituciones que asignan créditos evalúan la solvencia para tener la certeza de que será pagado por completo. De igual manera, para proteger a los inversionistas, los instrumentos financieros suelen contar con certificados, acreditaciones y seguros que garantizan cumplir acuerdos de pago.
3. **Riesgo sistémico.** Riesgo que afecta a todo el sistema financiero, como una crisis económica global. Un ejemplo reciente fue la pandemia de Covid-19. Tuvo repercusiones en casi todos los sectores, mercados y países a nivel mundial. Mostró cómo un evento inesperado puede desestabilizar todo un sistema debido a la interconexión de los mercados globales, las cadenas de suministro y las actividades económicas.

A un amigo de la universidad lo invitaron a invertir en una *startup* que parecía prometedora. Era tal su fe en el proyecto que desde el día uno entregó todo el capital que tenía. Cuando la empresa quebró, perdió hasta el último peso. Asumió el riesgo de crédito sin ningún tipo de seguro que lo respaldara. Después de recuperarse de esta catástrofe financiera, me pidió consejo.

Una manera de protegerte ante cualquier eventualidad es adoptar una estrategia de diversificación para cuidar tu portafolio, la suma de todas tus inversiones. También conocido como "cartera de inversión", el portafolio incluye tus acciones, fondos, bienes raíces y otros activos.

Cuando invertimos, ya sea en acciones, propiedades o en un negocio, debemos estar preparados para momentos de incertidumbre. Sin embargo, con una estrategia a largo plazo, enfoque en la diversificación y persistencia, los reveses temporales pueden convertirse en oportunidades de crecimiento.

Visión a largo plazo

Otra pieza de la fórmula que construye imperios es la habilidad para ver más allá de los beneficios inmediatos. En el mundo de las finanzas, este enfoque se relaciona con uno de los conceptos más poderosos: el interés compuesto. En el capítulo 2 te expliqué brevemente cómo funciona, y ahora te lo explico con detalle. ¿Estás listo?

El interés compuesto se refiere al proceso en el que los intereses que ganas sobre una inversión se reinvierten, generando así más intereses sobre los intereses previamente ganados. Imagina que pones mil pesos en un fondo que te da un interés del 10 % anual.

> Año 1: Ganas el 10 % de 1 000 = 100
>
> Ahora tienes 1 100.
>
> Año 2: Ganas el 10 % de 1 100 = 110
>
> Ahora tienes 1 210.
>
> Año 3: Ganas el 10 % de 1 210 = 121
>
> Ahora tienes 1 331.

De esta manera continúa creciendo cada año. No solo con lo que pusiste en un inicio, sino también con las ganancias que ya obtuviste. Este efecto multiplicador es lo que convierte a una inversión pequeña, mantenida a largo plazo, en una suma significativa. La fórmula básica para el interés compuesto es:

$$A = P\left(1 + \frac{r}{n}\right)^{nt}$$

A es el monto final de la inversión. Hagamos un ejercicio para que pongas esta fórmula en acción y veas la magia.

Supongamos que inviertes mil pesos con una tasa de interés compuesta del 5 % anual durante 20 años. ¿Cuánto dinero tendrías al final? Definamos cada elemento de la fórmula:

- *P* es el capital inicial = 1 000

Ojo con el siguiente elemento porque la fórmula se trabaja con la forma decimal y no con el porcentaje. Ese 5 % de interés anual lo dividiríamos entre 100. No importa cuál sea el número del porcentaje, siempre se divide entre 100 para llegar a la forma decimal.

- *r* es la tasa de interés anual = 0.05

Por lo general, cuando se menciona una tasa de interés (en cuentas de ahorro, inversiones o préstamos), esta tasa se expresa en términos anuales. Esto quiere decir que tu capital inicial recibirá el interés total después de este periodo de tiempo. Puede que veas los intereses sumarse a tu capital día con día, o mes con mes, centavo a centavo y peso a peso. Pero hasta que pase el año completo percibirás ese 5 % total.

- *n* es el número de veces que capitaliza el interés por año = 1

Solo nos falta un dato más.

- t es el tiempo en años = 20 años

Ahora sustituyamos los valores en la fórmula.

$$A = 1\,000\left(1 + \frac{00.5}{1}\right)^{1*20} = 2\,653.30$$

Como hemos aprendido, no se trata solo de hacer dinero rápidamente, sino de crear una estrategia sostenible que te permita alcanzar la libertad financiera en tus propios términos. En vez de buscar soluciones rápidas, procura crecer tu riqueza a través del tiempo, con inversiones constantes, estrategias claras y una visión a largo plazo.

Revisemos un ejemplo del interés compuesto aplicado a un PPR. Alejandra comenzó a invertir en un PPR a los 25 años con 6 mil pesos anuales, a una tasa de interés del 7 por ciento. Después de 15 años, sus ahorros habían crecido significativamente gracias al interés compuesto, ya que cada año reinvierte lo que gana. Sin embargo, su amiga Luz, que empezó a ahorrar a los 30 años con la misma cantidad, no verá el mismo crecimiento. Esto demuestra que el tiempo es un factor clave.

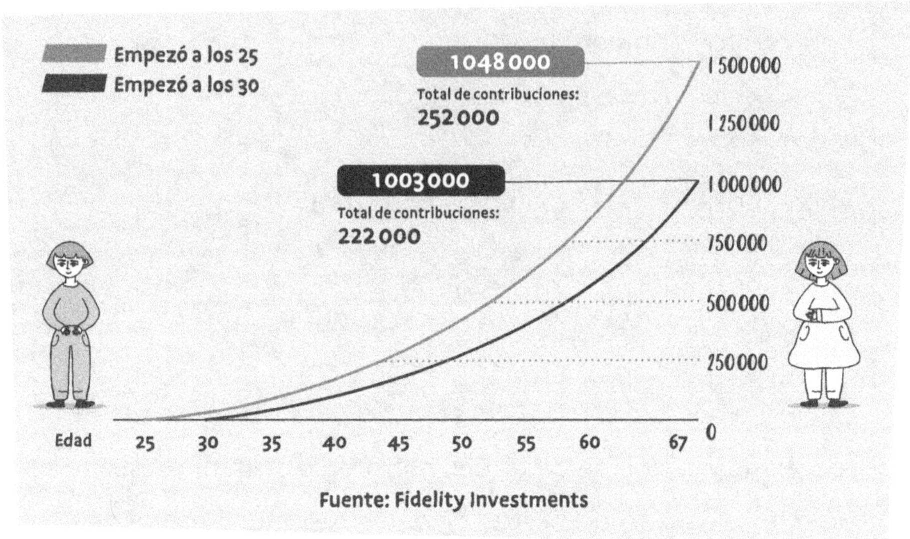

La paciencia y el enfoque a largo plazo de Jeff Bezos fueron cruciales cuando las acciones de Amazon se desplomaron en la crisis de las punto com. En lugar de retirarse, confió en su visión y esperó los resultados a largo plazo, sabiendo que los pequeños avances iniciales llevarían a un impacto masivo en el futuro, tal como el efecto del interés compuesto.

Compounding en la vida

El concepto de interés compuesto, también llamado *compounding*, no solo aplica a las finanzas, también puede transformar nuestra vida. La idea de que pequeños esfuerzos constantes producen grandes resultados aplica a la educación, el desarrollo personal y las relaciones interpersonales.

La lectura diaria, el ahorro constante, la mejora en tus habilidades, todo suma y crece exponencialmente a lo largo del tiempo.

Te comparto un ejemplo que refleja el potencial del efecto compuesto. El objetivo de una amiga era aprender a programar. Aunque ya había estudiado una carrera, quería ampliar sus conocimientos. El problema era que su calendario estaba saturado, solo podía dedicar una hora diaria. Al principio, apenas notaba avances, pero después de un año, ya podía desarrollar aplicaciones sencillas.

Lo que comenzó como un pequeño hábito diario se convirtió en nuevas habilidades que le permitieron avanzar en su trabajo y ofrecer innovaciones en su profesión. La constancia y la visión a largo plazo generan un impacto acumulativo y transformador.

También Bezos ha puesto en práctica la estrategia de crecimiento compuesto. Cada pequeña innovación en Amazon, desde el diseño del sitio web hasta la creación de Prime, forma parte de un proyecto a largo plazo.

Si a partir de hoy dedicaras una hora al día a una actividad, ¿cuál sería? Quizá puedas obtener nuevas habilidades o mejorar las que ya tienes. Al cabo de un año, esos pequeños esfuerzos se habrían acumulado en más de 300 horas dedicadas a tu desarrollo.

No hay duda de que esos 60 minutos diarios tendrían un impacto significativo en tu vida.

Ya sea con el ahorro o invirtiendo tiempo en nuestro crecimiento personal, el concepto de *compounding* nos enseña que los grandes logros no se construyen de la noche a la mañana, sino con constancia y visión.

Decisiones informadas

El costo de oportunidad es un concepto fundamental que se refiere al beneficio perdido al elegir una opción sobre otra. Comprender este costo invisible es esencial para mejorar tu gestión financiera.

Cada decisión de inversión implica renunciar a otra posible ganancia.

Se calcula al comparar el rendimiento de la opción elegida con el rendimiento de la opción no elegida. Aunque no siempre se puede cuantificar exactamente, tener conciencia de este costo te ayuda a tomar decisiones más informadas. Pero este concepto funciona más allá de las finanzas. Podrías aplicarlo también a tus relaciones, tu energía y otras áreas importantes en tu vida.

¿Qué estás dispuesto a sacrificar hoy a cambio de algo mejor mañana? Cada decisión, ya sea profesional, personal o emocional, implica renunciar a otra posible oportunidad.

CASOS DE ÉXITO: EL UNIVERSITARIO ESTRATÉGICO

Carlos es un universitario recién egresado que está evaluando dos instrumentos financieros: Cetes y acciones de una empresa. Hace poco consiguió su primer trabajo y está comenzando a ahorrar para formar su fondo de emergencias. Los Cetes le ofrecen seguridad y un rendimiento fijo aunque son menos rentables a largo plazo. En cambio, las acciones podrían darle grandes ganancias si la empresa crece, pero también puede perder parte de su inversión.

Mientras compara ambas opciones, se da cuenta de que cada una implica un costo de oportunidad: si elige seguridad, renuncia a una posible ganancia mayor, y si busca rentabilidad, toma más riesgo. Después de reflexionar sobre sus prioridades y su situación actual, concluye que, por ahora, lo más conveniente para él son los Cetes. Decidió asumir el costo de oportunidad porque priorizó la seguridad y la estabilidad sobre la rentabilidad en esta etapa de su vida.

CAPITAL PARA INVERTIR:
5 000

TASA DE INTERÉS FIJA EN CETES:
10 % anual

RENDIMIENTO DESPÚES DE UN AÑO:
500

RENDIMIENTO DESPUÉS DE UN AÑO:
600

TASA DE INTERÉS VARIABLE AL COMPRAR ACCIONES:
12 %

COSTO DE OPORTUNIDAD:
2 % (100 pesos)

PRIORIDAD: seguridad y estabilidad

OBJETIVO: fondo de emergencias

MEJOR OPCIÓN: Cetes

No hay una respuesta incorrecta. Sobre todo si sabes que la verdadera riqueza no se mide por la acumulación de dinero, sino por aspectos como tu calidad de vida y desarrollo personal. Te sugiero que, como en el caso anterior, reflexiones sobre tus prioridades y objetivos. En ocasiones valdrá la pena asumir el costo de oportunidad económico.

Pero este costo invisible también puede llevarte a tomar un camino más arriesgado que, con el tiempo, podría ser sumamente valioso. Cuando Bezos decidió expandir Amazon más allá de la venta de libros, estaba tomando un riesgo enorme. El costo de oportunidad era evidente: seguir centrado en el negocio rentable de libros o arriesgarse a expandir la compañía. Eligió lo segundo, consciente de que el costo de no hacerlo sería perder la oportunidad de transformar Amazon en el gigante que es hoy.

No se trata de arriesgarse a cada oportunidad ni de irse siempre por lo seguro. La clave está en saber por qué eliges lo que eliges. Cuando entiendes el costo de oportunidad, empiezas a decidir estratégicamente. Y eso es poderoso.

¡TU TURNO!

Te propongo esta sencilla actividad para que construyas el hábito de evaluar el costo de oportunidad en tus decisiones.

1. Anota un artículo que quieras comprar y cuál es su costo.

_______________ $ _______________

2. ¿Y si destinaras ese dinero a algo distinto? Escribe tres alternativas para ese monto (invertirlo, ahorrar para un viaje, pagar una deuda, etcétera).

Opción A: ___________________________

Opción B: ___________________________

Opción C: ___________________________

3. Decide cuál es la opción que aporta más valor a largo plazo.

____

Usa este ejercicio cuando lo necesites para tomar una pausa y evaluar el impacto que un gasto podría tener en tu futuro. Este es solo el principio de tu propio imperio.
¡Ve por él!

ZONA DETOX

- Mediante la estrategia de diversificación, proteges a tu portafolio ante riesgos financieros.
- El interés compuesto genera más intereses sobre las ganancias que ya obtuviste con tu inversión inicial.
- Pequeños esfuerzos acumulados consistentemente generan grandes recompensas con el tiempo.
- El costo de oportunidad te permite tomar decisiones informadas en finanzas, pero también en otras áreas importantes de tu vida.
- La mentalidad a largo plazo es clave para construir riqueza sostenible.

Capítulo 6

Las estrategias del imperio KARDA$HIAN

Hazlo tú mismo: bienvenido a la economía digital

"Si no estás dispuesto a aprender,
nadie puede ayudarte.
Si estás dispuesto a aprender,
nadie puede pararte".

Proverbio chino

Chismecito financiero

Si piensas que el éxito de esta familia es fruto de escándalos o *reality shows*, prepárate para descubrir lo que hay detrás de esta dinastía moderna y maquinaria financiera de primera. Las Kardashian entendieron desde el principio el poder de su imagen y de su historia personal. Cada escándalo, cada rumor, cada victoria, fue convertido en una oportunidad de negocio. Su disposición para aprender, adaptarse y reinventarse constantemente ha sido su clave para triunfar.

Empecemos con la reina del clan: Kim Kardashian. Con una fortuna estimada en 1.7 mil millones de dólares, es la más famosa y rica del grupo. En 2017 lanzó KKW Beauty y en unas horas sus productos se agotaron. En 2020 vendió una participación del 20 % de su marca por 200 millones de dólares. ¡Y eso no es todo! También lanzó Skims, su línea de ropa moldeadora, valorada en más de 3 mil millones de dólares.

Por su parte, Kylie Jenner, la más joven del clan, a los 21 años fue declarada por la revista *Forbes* como la multimillonaria "hecha a sí misma" más joven del mundo. En 2015 fundó su compañía Kylie Cosmetics, que creció exponencialmente, y para 2019 Kylie vendió el 51 % de su marca por 600 millones de dólares.

Por otro lado, Kendall Jenner es una de las supermodelos mejor pagadas del mundo, con ingresos anuales que rondan los 22 millones de dólares. Ha trabajado con marcas como Calvin Klein, Estée Lauder y Chanel, y ha lanzado proyectos como su tequila 818.

Khloé Kardashian también ha dejado huella con Good American, su marca de ropa que promueve la inclusión y la positividad corporal. La marca ha generado más de 200 millones de dólares. Además, Khloé ha hecho inversiones en bienes raíces.

Finalmente, Kourtney Kardashian ha estado más alejada del foco empresarial, pero ha capitalizado su fama con Poosh, una plataforma de estilo de vida holístico. Además, ha realizado inversiones inteligentes en propiedades y ha lanzado diversas colaboraciones en la industria de la moda.

Kris Jenner, la *momager* (mamá-manager), ha sido el cerebro detrás del imperio. No solo negoció los contratos millonarios del *reality show*, sino que cobra una comisión del 10 % sobre los ingresos que generan sus hijas. Así ha acumulado una fortuna de más de 190 millones de dólares.

Cada miembro del Kardashian-Jenner clan ha sabido diversificar sus ingresos y construir un legado financiero que va mucho más allá de las pantallas. Han aprovechado las redes sociales para convertir sus millones de seguidores en ventas de productos, y han incursionado en múltiples industrias, desde la moda y la belleza hasta las bebidas y los bienes raíces. Si sumamos las fortunas de cada una, el total asciende a más de 3.2 mil millones de dólares. ¡Y todo indica que seguirá aumentando!

Ahora sabes que detrás del *glamour* hay estrategias financieras. Las Kardashian han demostrado que, con la mentalidad adecuada, no hay límite para lo que se puede lograr. No importa si empiezas con una plataforma de fama o con algo mucho más modesto, las estrategias que ellas han utilizado pueden ser utilizadas por cualquiera que esté dispuesto a aprender y adaptarse.

En este capítulo explorarás paso a paso esas estrategias que convirtieron a las Kardashian en increíbles empresarias billonarias.

Kim Kardashian: diversificación de ingresos

Antes de convertirse en una celebridad mundial, Kim trabajó como estilista y asistente de varias celebridades, entre ellas Paris Hilton. Fue en ese entorno donde cultivó su red de contactos, un factor crucial en su ascenso.

Su nombre resonó globalmente en 2007, tras la filtración de un video personal. Lo que podría haber sido una desgracia, Kim lo transformó en una oportunidad. Ese mismo año, su familia lanzó el *reality show* llamado *Keeping Up with the Kardashians* (KUWTK), que documentaba la vida diaria de la familia Kardashian-Jenner.

Aunque inicialmente fue criticado, Kim construyó una marca personal sobre esa fama. Además, lanzó líneas de ropa y accesorios, y en 2017 fundó KKW Beauty, una marca que explotó en popularidad gracias a su habilidad para conectar con la audiencia en las redes sociales. Después, lanzó Skims, su línea de ropa moldeadora, que se convirtió en un éxito instantáneo.

La historia de Kim Kardashian es un testimonio de cómo la diversificación de ingresos puede proporcionar estabilidad financiera. Se trata de ser estratégico, innovador y, sobre todo, de no depender de una sola fuente de ingresos.

CASOS DE ÉXITO: LA DISEÑADORA ESTRATÉGICA

María es una diseñadora gráfica *freelancer*. Podría depender solo de sus proyectos de diseño con distintos clientes, pero si uno importante decidiera no colaborar más con ella, su ingreso se vería afectado de manera drástica. Además, la capacidad de trabajo de una persona tiene un límite físicamente imposible de sobrepasar. Al aplicar la diversificación, María explora diferentes formas de generar ingresos adicionales. Así no solo se protege contra la incertidumbre laboral, sino que también consigue un crecimiento financiero más estable y sostenible a largo plazo.

Invertir en el mercado de valores.

Crear un curso en línea sobre diseño gráfico y venderlo a través de plataformas educativas.

Monetizar un *hobby*, como la fotografía, vendiendo sus imágenes en sitios web de *stock*.

Kris Jenner: gestión de activos

La matriarca del clan Kardashian-Jenner, nació en la ciudad de San Diego, California. Tras el fin de su matrimonio con Robert Kardashian y con cuatro hijos a su cargo, se casó con el medallista olímpico Bruce Jenner, lo que le dio una plataforma más amplia.

Desde el lanzamiento de KUWTK, Kris logró contratos multimillonarios. Bajo su dirección, Kourtney, Kim, Khloé, Kendall y Kylie han lanzado negocios que han contribuido significativamente a la riqueza familiar.

Kris Jenner es experta en el manejo de la fama y la imagen pública, pero también administra cuidadosamente los recursos financieros. Estos activos incluyen contratos publicitarios, líneas de productos, inversiones en negocios emergentes y la propiedad intelectual de la marca Kardashian-Jenner.

Al igual que Kris Jenner, puedes aprender a gestionar estos activos de manera estratégica. Supongamos que cuentas con varios activos personales: tal vez una casa, ahorros en el banco, quizá pequeñas inversiones.

Primero es fundamental conocer el valor actual de tus activos. Si tienes una casa, ¿has considerado su valor de reventa? ¿Estás aprovechando al máximo tu dinero en los ahorros, o podrías obtener un mejor rendimiento invirtiendo en un instrumento como Cetes? La clave aquí es diversificar tus ingresos y no poner todo tu dinero en un solo lugar.

Ahora considera el momento adecuado para invertir, vender o reinvertir tus activos. Si el mercado inmobiliario está en auge, podría ser el momento para vender tu casa a un precio alto y reinvertir en una propiedad más rentable o en otros activos. Del mismo modo, si tienes ahorros, puedes explorar opciones de inversión que generen un mayor rendimiento que una cuenta de ahorros.

Por último, recuerda que la gestión de activos también implica planificar para el futuro: crear un fondo de emergencia o invertir en educación financiera. Siempre toma en cuenta cómo estos activos contribuirán a tu bienestar a largo plazo.

Esta valiosa estrategia es esencial para cualquier persona que busque seguridad financiera y crecimiento económico a largo plazo. Kris Jenner ha demostrado ser una maestra en el tema. Siguiendo sus pasos, sin duda manejarás tus propios recursos con la misma visión, asegurando tu presente y un futuro próspero y estable.

Kylie Jenner: *marketing* digital y *branding* personal

A los 18 años Kylie identificó una oportunidad en el mercado de la belleza, un sector ya en auge, pero con espacio para la innovación. Con un préstamo inicial de 250 mil dólares financiado por las ganancias obtenidas a través de sus apariciones en televisión y contratos de patrocinio, lanzó Kylie Lip Kits en 2015. Estos kits se agotaron en minutos, generando una rápida liquidez que reinvirtió estratégicamente en la expansión de su línea de productos. Así nació Kylie Cosmetics.

Con la ayuda de las redes sociales, Kylie pudo maximizar su alcance global sin necesidad de una estrategia de distribución tradicional, lo que redujo costos y aumentó significativamente su margen de beneficios.

¿Has oído la palabra *branding*? Se refiere a todo lo que se hace para crear y fortalecer una marca, como elegir su nombre, diseñar su logo y definir su estilo. Este proceso ayuda a que aumente su valor, tanto para los clientes como para la empresa. Kylie ha hecho un excelente *branding* al utilizar plataformas para promocionar sus productos y para crear un fuerte vínculo emocional con su audiencia.

Si buscas construir una marca personal sólida y rentable, la historia de Kylie Jenner ofrece valiosas lecciones financieras:

1. **Identificación de oportunidades en el mercado.** Antes de lanzar tu marca, realiza una investigación para identificar oportunidades. Busca datos relevantes como cuáles son las necesidades de tus clientes y quién es tu

competencia. Esto te hará saber si tus clientes comprarán lo que les ofreces de forma inmediata.

2. **Optimización del Costo de Adquisición de Clientes (CAC).** Aprovecha las plataformas digitales para llegar a tu público objetivo de manera más eficiente y con menores costos. Utiliza estrategias como *marketing* de contenidos y redes sociales.
3. **Monetización del valor de marca.** Desarrolla una marca personal fuerte que te permita vender productos o servicios a un precio premium.
4. **Diversificación de ingresos.** Una vez establecida tu marca, considera diversificar tus fuentes de ingresos. Kylie comenzó con labiales, pero expandió su línea a otros productos cosméticos, aumentando su flujo de ingresos y reduciendo el riesgo financiero.
5. **Gestión del flujo de caja.** Mantén un control estricto sobre tu flujo de caja: el dinero que entra y sale de tu negocio. Procura cubrir tus gastos del día a día, tanto como pagar tus deudas e invertir en tu negocio para que escale rápidamente.
6. **Apalancamiento de capital propio.** Kylie evitó depender de financiamiento externo durante la fase inicial de su empresa, lo que le permitió mantener un control total sobre su negocio.

La historia de Kylie subraya la importancia de la eficiencia en el gasto, la optimización del flujo de caja y el poder de una marca personal fuerte. Su trayectoria es una lección sobre cómo construir y escalar un negocio en la economía digital actual.

Kendall Jenner: valor de marca

Kendall Jenner comenzó su carrera en el mundo del modelaje a una edad temprana. Su estilo y profesionalismo le permitieron escalar rápidamente. En pocos años, Kendall ya desfilaba para casas de moda tan prestigiosas como Chanel, Versace y Marc Jacobs.

Sin embargo, ella tampoco se conformó con depender únicamente del modelaje. En 2021 lanzó su propia marca de tequila 818, que capturó la atención del mercado por su calidad y por la fuerza de su marca personal.

A estas alturas ya intuyes qué es el valor de marca, pero vamos a definirlo. Es la percepción positiva que los consumidores tienen de una persona, producto o empresa, lo que permite cobrar precios premium y crear lealtad de clientes. En el caso de Kendall, su imagen pública como una modelo de alta costura y su conexión con el influyente clan Kardashian-Jenner le han permitido establecer un valor de marca excepcionalmente alto.

Si buscas desarrollar y maximizar el valor de tu marca personal, aquí te dejo un paso a paso inspirado en la mismísima Kendall Jenner.

1. **Construcción de una identidad de marca sólida.** Define claramente quién eres y qué representas. Para Kendall, su imagen de moda y sofisticación es el núcleo de su marca. Para otros, esto podría ser su *expertise* en un área específica o su estilo de liderazgo.
2. **Monetización a través de oportunidades alineadas.** Utiliza tu valor de marca para asegurar oportunidades que se alineen con tu identidad. Kendall lo hizo con contratos de modelaje de alto perfil antes de expandirse a un sector completamente nuevo.
3. **Diversificación estratégica.** Una vez que tu marca personal se encuentre establecida, busca diversificar tus ingresos. Esto puede ser a través de inversiones, lanzamientos de productos o asociaciones con otras marcas.
4. **Protección del valor de marca.** Mantén la coherencia y calidad en todo lo que asocias con tu marca personal. La credibilidad es un activo valioso que, una vez perdido, es difícil de recuperar. Kendall selecciona cuidadosamente los proyectos y asociaciones que encajan con su imagen.

5. **Evaluación y adaptación constante.** Revisa regularmente cómo se percibe tu marca en el mercado y ajusta tus estrategias si es necesario.

Kendall Jenner ha demostrado que el valor de marca personal puede ser un activo financiero significativo cuando se gestiona de manera estratégica. Su historia resalta la importancia de construir, proteger y aprovechar este valor para crear nuevas oportunidades de negocio y asegurar el éxito en múltiples industrias.

Kourtney Kardashian: monetización de pasiones personales

En 2019, Kourtney lanzó Poosh, una plataforma dedicada al bienestar y la salud integral. Poosh no es solo un blog, sino un centro que ofrece contenido educativo, recomendaciones de productos y colaboraciones exclusivas con marcas afines. Su autenticidad y compromiso con un estilo de vida saludable le permitieron conectar con su audiencia, lo que fue clave para su éxito.

La monetización de pasiones personales es poderosa porque se basa en una motivación intrínseca, lo que suele llevar a un mayor compromiso y persistencia. Además, cuando un emprendedor o creador de contenido está genuinamente interesado en su producto o los temas que trata, es más probable que construya una comunidad leal, lo que se traduce en ingresos sostenibles a largo plazo.

Si tú también estás buscando cómo monetizar tus pasiones personales, aquí te dejo un paso a paso inspirado en el enfoque de Kourtney Kardashian:

1. **Identifica tu pasión.** Piensa en una actividad que realmente te entusiasme y que tenga potencial de volverse un negocio rentable. Puede ser cualquier cosa, desde la cocina hasta el *fitness*, el arte o la tecnología.
2. **Crea contenido valioso.** Genera contenido que eduque, inspire o entretenga a una audiencia interesada en el tema de tu elección. Esto puede ser en forma de artículos de blog, videos, podcasts o publicaciones en redes sociales.
3. **Construye una audiencia.** Utiliza las redes sociales y otras estrategias de *marketing* digital para atraer y construir una audiencia en torno a tu contenido. La autenticidad y la consistencia son clave para generar confianza y lealtad.
4. **Monetiza.** Explora diversas formas de monetizar tu contenido o productos. Esto podría incluir la venta de productos digitales o físicos, programas de afiliación, contenido patrocinado, suscripciones o incluso la creación de una tienda en línea.

5. **Diversifica los ingresos.** A medida que tu negocio crezca, busca formas de diversificar tus flujos de ingresos. Al igual que Kourtney con Poosh, considera asociarte con marcas afines o expandir tu oferta de productos.
6. **Escala tu negocio.** Finalmente, evalúa cómo puedes escalar tu negocio para llegar a un público más amplio o aumentar las ventas. Esto puede incluir la ampliación de la gama de productos, la introducción de nuevos canales de distribución o la expansión internacional.

La historia Kourtney Kardashian subraya la importancia de identificar lo que te apasiona y encontrar maneras de monetizarlo, creando una carrera o negocio que no solo sea gratificante, sino también financieramente viable.

Khloé Kardashian: emprendimiento e inclusión

Khloé es una de las figuras más inspiradoras del clan por su capacidad de superar desafíos personales y transformar esas experiencias en oportunidades empresariales. Por cuestionar las normas de belleza convencionales fue objeto de comparaciones injustas con sus hermanas. Sin embargo, en lugar de dejar que estas críticas la definieran, Khloé decidió tomar control de su narrativa.

Tras enfrentar un divorcio público y una batalla constante con su imagen corporal, Khloé canalizó su energía hacia el emprendimiento. En 2016 lanzó Good American, una marca de ropa diseñada para mujeres de todas las tallas y estaturas, basada en la premisa de que la moda debe ser accesible para todas. Good American ha sido un éxito rotundo, generando millones de dólares en ventas desde su primer día y posicionándose como una marca que celebra la diversidad y la autenticidad.

El emprendimiento inclusivo se basa en la premisa de que al satisfacer una demanda insatisfecha en el mercado, es posible crear un negocio exitoso, mientras se genera un impacto positivo en la sociedad. Este es un ejemplo claro de cómo un enfoque empático y orientado a la comunidad puede ser la base de un gran emprendimiento.

Imagina esto: has identificado que en tu vecindario no existen servicios de cuidado de mascotas para personas mayores con dificultades para caminar. Al igual que Khloé, puedes emprender un negocio que responda a estas necesidades.

El primer paso es investigar y comprender tu nicho de mercado, es decir, a quién ofrecerás tus servicios. Habla con las personas a tu alrededor, realiza encuestas y analiza lo que ya hay disponible. Una vez que comprendas las necesidades y deseos de tu público objetivo, puedes empezar a diseñar un producto o servicio que los satisfaga de manera inclusiva.

Por ejemplo, podrías crear paquetes de servicios personalizados que incluyan visitas a domicilio, paseos cortos y asistencia con la alimentación, todo diseñado para la comodidad y accesibilidad de personas mayores. Cuando un negocio se basa en la empatía y en satisfacer necesidades reales, tiene el poder de generar ingresos, de transformar vidas y comunidades.

Este capítulo ha revelado las valiosas estrategias que ha utilizado la familia Kardashian para construir un legado financiero que trasciende las redes sociales y el espectáculo. Estas no son solo celebridades que se limitan a disfrutar de su fama, son empresarias que han diseñado meticulosamente su camino hacia el éxito en la economía digital.

¡TU TURNO!

A construir tu propio imperio. El siguiente ejercicio te ayudará a visualizar distintas formas en las que puedes generar ingresos a partir de tus intereses y habilidades. No olvides utilizar las estrategias ganadoras que aprendiste a lo largo del capítulo.

1. Escribe una habilidad, conocimiento o pasión que tengas. (¡Mejor escribe todos los que se te ocurran!).

---

2. Llena la siguiente tabla siguiendo el ejemplo que te pongo.

Idea de ingreso	Estrategia	¿Producto o servicio?	¿Ya tengo algo creado?
Crear un canal con tips de cocina.	Monetización de pasiones personales	Producto (contenido)	Más o menos. Ya abrí una cuenta pero no tengo publicaciones.

3. ¿Cuál es el primer paso para poner en marcha esta idea?

ZONA DETOX

- Diversificar tus ingresos no solo es estratégico, sino innovador.
- Gestionar tus activos con visión a largo plazo contribuirá a tu estabilidad económica en el futuro.
- Tu imagen y reputación son activos financieros que pueden abrirte puertas y generar ingresos.
- Las redes sociales son herramientas poderosas para promocionar tu marca personal, conectar con tu audiencia y vender productos o servicios.
- La monetización de pasiones es identificar lo que te apasiona y convertirlo en una fuente de ingresos.
- Si tu negocio se basa en la empatía y satisface necesidades reales, obtendrás ingresos, pero también transformarás vidas.

Capítulo 7

Las claves del reinado de BEYONCÉ

Recibe la abundancia que mereces

“La riqueza es la capacidad de experimentar plenamente la vida”.

Henry David Thoreau

Chismecito financiero

Beyoncé, una reina indiscutible del entretenimiento, es mucho más que una cantante y bailarina extraordinaria. Es una de las mujeres más poderosas del mundo en términos de riqueza e influencia. Su historia es el ejemplo perfecto de cómo la verdadera riqueza es más que dinero: se trata de libertad, seguridad e independencia financieras.

Beyoncé Giselle Knowles-Carter, mejor conocida como Beyoncé o Queen B, nació en Houston, Texas, en 1981. Desde pequeña participó en concursos de canto y baile hasta que se convirtió en la vocalista principal del grupo Destiny's Child, dirigido por su propio padre, Mathew Knowles. No conforme con su éxito como cantante, Queen B incursionó en el mundo del cine en la cinta *Austin Powers in Goldmember*, en 2002.

La fortuna estimada de Beyoncé en 2023 era de 540 millones de dólares según *Forbes*, pero esta cifra sigue creciendo cada año. Ella ha dicho: “*I worked hard for every dime I made*”. La libertad financiera no llega de la noche a la mañana. Requiere disciplina y visión a largo plazo.

A lo largo de su trayectoria, ha comprendido la importancia de no depender de una sola fuente de ingresos y ha extendido su imperio hacia diferentes sectores:

1. **Música y giras.** Beyoncé ha roto récords. Su *tour* más reciente, el *Renaissance World Tour*, recaudó 580 millones de dólares. Las giras son una fuente clave de ingresos para muchos artistas, pero Queen B ha logrado maximizar su valor con campañas de *marketing* integradas y acuerdos de patrocinio.
2. **Parkwood Entertainment.** Beyoncé fundó Parkwood Entertainment en 2010, una empresa de gestión, producción y entretenimiento que controla todos los aspectos de su carrera. Esto le permitió ser su propia jefa y obtener el control total sobre sus ingresos. Como dijo una vez, "*I'm not bossy. I'm the boss*". Parkwood también ha producido películas, contenido audiovisual exclusivo y eventos de alto perfil.
3. **Ivy Park.** En 2016, Beyoncé lanzó su línea de ropa deportiva, Ivy Park, en colaboración con Adidas, lo que rápidamente la posicionó como una mujer de negocios visionaria en la moda. En la actualidad, Ivy Park sigue siendo un componente esencial del imperio de Beyoncé, quien ha sabido capitalizar la tendencia mundial hacia la ropa deportiva de lujo.
4. **Inversiones en bienes raíces.** Beyoncé ha invertido en propiedades en Los Ángeles, Nueva York, y otros lugares estratégicos del mundo, lo que le asegura una fuente constante de riqueza. Su casa en Bel Air, por ejemplo, tiene un valor estimado de 88 millones de dólares.

5. **Inversiones estratégicas.** Beyoncé también invierte en *startups* y otras empresas. Fue una de las primeras inversoras en Uber. Por una actuación privada en 2015, recibió acciones en lugar de un pago en efectivo. Esa decisión le generó un retorno impresionante cuando Uber salió a bolsa en 2019.

El empoderamiento no es solo un tema más de sus canciones: ella vive su vida bajo esa filosofía. Al crear múltiples fuentes de ingresos y tener una sólida estructura financiera. Beyoncé es la definición de éxito financiero sostenido. Nos demuestra que la abundancia no solo llega, sino que se planifica, se construye y se protege.

Este capítulo está dedicado a enseñarte las estrategias necesarias para poner en marcha esos sueños que tienes en mente, tal como lo ha hecho Beyoncé. Exploraremos las claves que te permitirán vivir cómodamente y poner en acción cualquier plan que te propongas.

El fundamento de la libertad

¿Ya tienes un fondo de emergencia? Si la respuesta es *no*, tu primer paso para la seguridad financiera es establecer ese *colchón*. Imagina que pierdes tu empleo o tienes una urgencia médica. Un fondo de emergencia te permitirá mantener tu estilo de vida y no caer en deudas.

La recomendación es que tu fondo sea equivalente a seis meses de tus gastos básicos mensuales. Aunque, si tienes un empleo estable y pocos gastos, podrías hacerlo de solo tres meses. Puedes sumarle lo que consideres necesario al evaluar tu estabilidad económica a largo plazo.

Si sucede algún imprevisto, este fondo será un apoyo que te dará tranquilidad en una situación difícil. Te permitirá tomar decisiones con calma para que resuelvas la problemática sin estrés financiero. Cuando todo haya vuelto a la normalidad, asegúrate de recuperar la cantidad inicial que tenías en tu fondo de emergencias.

CASOS DE ÉXITO. LA PROGRAMADORA PRECAVIDA

Karla es una programadora que estaba en aprietos porque había pedido un préstamo con intereses altos para comprar una nueva computadora. La anterior era su herramienta esencial y se había descompuesto de la nada. No tenía ahorros suficientes. Esto le generó estrés y la puso en una situación financiera inestable. Después de esa experiencia, decidió crear un fondo de emergencia.

1. De su hoja de presupuesto (en la categoría de "Necesidades"), identificó que el total de sus gastos básicos mensuales sumaban 15 mil pesos.
2. Decidió que su fondo de emergencia fuera de seis meses. Multiplicó los 15 mil por seis, resultando en 90 mil.
3. En la categoría de "Ahorro/retiro y demás" incluyó su fondo como objetivo y definió que le asignaría el 10 % de sus ingresos mensuales, que eran 30 mil pesos.
4. Cada mes, fue abonando 3 mil hasta que logró su meta.

La seguridad financiera es la capacidad de cubrir nuestras necesidades básicas sin depender de otros. Es el primer peldaño hacia el éxito financiero.

El control de tu futuro

La independencia financiera es cuando los ingresos generados por tus inversiones, activos o negocios te permiten cubrir tus gastos sin necesidad de depender de un salario. La clave está en construir fuentes de ingresos pasivos que trabajen para ti.

Te platico la experiencia de un familiar que era contador en una empresa estable. Aunque percibía un buen salario, también tenía muchos gastos. Se dio cuenta de que estaba atrapado en el ciclo de "vivir para trabajar". Un día, decidió empezar a invertir en bienes raíces, primero comprando una pequeña propiedad para rentar.

Después de cinco años, los ingresos de esa propiedad ya cubrían parte de sus gastos mensuales, lo que le daba mayor tranquilidad y la posibilidad de reducir sus horas de trabajo en la oficina. Ahora él se siente más cerca de su meta de independencia financiera: generar ingresos pasivos que le permitan elegir cómo pasar su tiempo.

Para calcular tu número de independencia financiera, suma tus gastos anuales y multiplícalos por 25. Esa es la cantidad que necesitas invertir (en bonos, acciones, propiedades, etcétera) para vivir de los rendimientos sin tocar tu capital.

Si aún no tienes una fuente de ingresos pasivos, ¿qué puedes hacer para construirla? Piensa en inversiones a largo plazo, en crear un negocio que no dependa 100 % de tu tiempo o en propiedades que generen rentas. La independencia financiera te da la libertad de tomar decisiones basadas en tus valores y no en tus necesidades.

Más allá del dinero

La libertad financiera es cuando vives la vida que deseas y el dinero deja de ser una preocupación. No se trata de acumular dinero sin propósito ni objetivos, sino de lograr que tus finanzas te den el tiempo y la tranquilidad mental para perseguir lo que realmente importa: tus pasiones, relaciones y bienestar.

De hecho, hay una fórmula para calcular tu libertad financiera. Es más sencillo de lo que crees: divide el dinero total que tienes entre tus gastos mensuales. Supongamos que tienes 100 mil pesos y que tus gastos mensuales son de 10 mil. Tu libertad financiera sería de 10 meses.

Podrías dejar de trabajar durante ese periodo pero a partir del onceavo mes te quedarías sin dinero. Para extender tu libertad financiera, podrías invertir una parte de esos 100 mil pesos en activos que generen rendimientos, buscar fuentes de ingresos pasivos u otras maneras de diversificar tus ingresos.

La libertad financiera te da la opción de vivir en tus propios términos. Solo necesitas tener una estrategia clara con un punto de partida infalible. Primero piensa en tus verdaderos objetivos en la vida. ¿Quieres viajar más? ¿Pasar más tiempo con tu familia? ¿Empezar un proyecto que te apasione?

Evalúa cómo puedes alinear tus finanzas con esos objetivos. Si hoy tienes que trabajar todo el día para cubrir tus gastos, ¿cómo podrías ajustar tu presupuesto o generar más ingresos para crear tiempo libre en el futuro?

Te comparto la anécdota de una pareja con la que platiqué hace poco. María y David están en sus cuarentas y a lo largo de su vida se enfocaron en ganar cada vez más para tener seguridad. Pero así como su ingreso aumentaba, también lo hacían sus gastos. Las cuentas se sumaban y ellos terminaban agotados. Su calidad de vida no mejoraba.

Reflexionaron que su objetivo en realidad era pasar más tiempo con sus hijos y viajar en familia. Hicieron cambios en su estilo de vida para reducir gastos innecesarios y sus horas de trabajo, aumentando el tiempo de calidad que compartían. ¡Lo lograron!

La mentalidad de la abundancia

Una parte fundamental de la salud financiera es la mentalidad con la que manejamos el dinero. Adoptar una mentalidad de abundancia significa enfocarte en las oportunidades y en cómo puedes crear valor, en lugar de preocuparte por la escasez. El mindfulness financiero implica ser consciente de tus decisiones y hábitos relacionados con el dinero, y cómo estos afectan tu bienestar.

Aquí puedes poner en práctica lo que aprendiste en el capítulo sobre los mitos acerca del dinero. Veamos el caso particular de una persona que compartió su experiencia en una conferencia que impartí. Julián creció con la idea de que el dinero era difícil de ganar y que debía ahorrar todo lo posible "por si acaso". Este miedo lo llevó a evitar cualquier riesgo, perdiendo oportunidades de inversión.

Para derribar este mito, comenzó a cuestionarse y decidió cambiar su mentalidad para practicar el mindfulness financiero.

Se propuso asistir a una serie de charlas sobre finanzas donde evaluó sus creencias sobre el dinero, al mismo tiempo que creaba un plan de inversión que le permitiera generar rendimientos. Cambió su enfoque y vislumbró un futuro de prosperidad. Con el tiempo logró que su dinero creciera. Aprovechó las oportunidades y mejoró su calidad de vida.

Te recomiendo el siguiente ejercicio para practicar el mindfulness financiero. Escribe diariamente una lista de cosas por las que estás agradecido y que estén relacionadas con tus finanzas. Puede ser tan simple como agradecer que tienes un techo sobre tu cabeza o que pudiste pagar tus cuentas este mes.

La abundancia no se trata solo de acumular, sino de sentirte satisfecho con lo que tienes y estar abierto a recibir más oportunidades. Practicar el mindfulness te ayudará a tomar decisiones financieras más conscientes y alineadas con tus valores, lo que a su vez te permitirá experimentar una verdadera libertad financiera, al estilo de Queen B.

Un camino hacia una vida abundante

Access Consciousness es una técnica que ayuda a las personas a liberarse de bloqueos mentales y emocionales que les impiden alcanzar la abundancia y el éxito financiero. Se enfoca en la energía del dinero y cómo nuestras creencias pueden sabotear nuestra capacidad para atraer riqueza.

Te lo explico con el ejemplo de René. Él trabajaba duro, nunca pedía un aumento ni buscaba mejores oportunidades porque creía que no era lo suficientemente bueno. A través de la técnica de Access Consciousness, identificó sus creencias limitantes y cambiarlas por afirmaciones positivas como "Merezco abundancia" y "Puedo tener éxito".

Aplicó estas creencias en su trabajo, pero también en su vida personal. Con firmeza, fue integrándolas a su actitud diaria y se atrevió aprobar nuevas posibilidades, como presentar una propuesta de mejoras en su trabajo y solicitar mayores responsabilidades.

Poco a poco ascendió en su empresa y en tres años duplicó su salario. René aprendió que gran parte de su éxito financiero no dependía solo de su trabajo, sino de cómo veía el mundo y las oportunidades que lo rodeaban.

Aplicar técnicas de Access Consciousness te ayudará a liberarte de esos bloqueos y a abrirte a las oportunidades de crecimiento financiero y personal que están a tu disposición. Retoma las creencias que anotaste en la última sección del capítulo 2 y reemplázalas por afirmaciones positivas.

Si tu creencia es "Ganar dinero es difícil", tu afirmación podría decir "El dinero fluye fácilmente hacia mí". En lugar de repetir por repetir esta afirmación, haz una pausa, respira y siente lo que estás diciendo. Recibe este mensaje. Puede que al inicio notes cierta resistencia, pero continúa con esta práctica. Ve poco a poco hasta que asimiles la energía de tu afirmación y la recibas con los brazos abiertos.

Practica todos los días. Mi momento favorito para conectar con mis afirmaciones es en la mañana, al despertar, aunque decirlas antes de dormir también me relaja bastante. Si a lo largo del día te enfrentas con una situación donde sientas frustración o ansiedad, te sugiero darte un espacio breve para respirar acompañado de tus afirmaciones.

Con estas ideas en mente, exploraremos más caminos hacia una vida financiera saludable y próspera. Porque, al igual que Queen B, tú también mereces abundancia.

¡TU TURNO!

Te invito a hacer una pausa para reflexionar a través de los cuatro aspectos clave que revisamos a lo largo del capítulo. Lee cada pregunta con calma, sin presionarte para encontrar la respuesta ideal. Contesta con honestidad y apertura para saber dónde estas y hacia dónde te gustaría ir.

¿Cuál es mi siguiente paso para construir
más seguridad financiera? _ _ _ _ _ _ _ _ _ _ _ _ _ _ _ _

_ _

¿Qué podría elegir hoy que me acerque
a mi independencia financiera? _ _ _ _ _ _ _ _ _ _ _ _ _ _

_ _

¿Qué está en mis manos para acercarme a
la libertad financiera que deseo crear? _ _ _ _ _ _ _ _ _ _

_ _

¿Qué aspecto de mi realidad económica puedo
agradecer desde el mindfulness financiero? _ _ _ _ _ _ _

_ _

ZONA DETOX

- La seguridad financiera, a través de un fondo de emergencias, es fundamental para protegerte ante imprevistos.
- La clave de la independencia financiera es generar ingresos pasivos para no depender exclusivamente de un salario.
- La libertad financiera es tener tus finanzas bajo control para que evites estar atado a preocupaciones económicas.
- La base del mindfulness financiero es el agradecimiento por lo que tenemos y la apertura a nuevas oportunidades.
- La técnica de Access Consciousness te ayuda a identificar y liberar tus creencias limitantes sobre el dinero para atraer prosperidad a tu vida.

Capítulo 8

Yo le rezo a TAYLOR

Las reglas de oro para millonarios

"El éxito no es la clave de la felicidad.
La felicidad es la clave del éxito.
Si amas lo que haces, tendrás éxito".

Albert Schweitzer

Chismecito financiero

Si hay algo que Taylor Swift ha demostrado es que su inteligencia financiera está a la altura de su talento musical. En un mundo donde algunas estrellas pop firman contratos abusivos, derrochan fortunas y terminan en bancarrota, Taylor hizo lo que mejor sabe hacer: escribir su propia historia y, de paso, asegurarse de que fuera una con muchos ceros en su cuenta bancaria.

Hablemos de su impresionante fortuna. Con un patrimonio neto que supera los 1 600 millones de dólares, Swift ha roto récords no solo en la industria musical, sino en el mundo de los negocios. Esta cifra la posiciona firmemente en el selecto club de los milmillonarios. Este salto financiero no es casualidad. Es el resultado de una combinación magistral de éxitos musicales, giras récord y un olfato afilado para las inversiones.

Su Eras Tour llenó estadios en todo el mundo y se convirtió en la gira más lucrativa de la historia, con más de mil millones de dólares en ventas. Por si eso fuera poco, lanzó en cines la película del tour bajo su propia producción, asegurándose de que cada centavo generado se quedara en su bolsillo y no en los estudios de Hollywood. Si esto no es una maestría en diversificación de ingresos, no sé qué lo sea.

En 2019, protagonizó un escándalo en torno a la venta de los derechos de su catálogo musical. Scooter Braun adquirió Big Machine Records, la compañía que poseía los másteres de los primeros seis álbumes de estudio de Taylor. El empresario y ejecutivo discográfico tenía el control legal y económico para decidir cómo y dónde se usaba esa música, incluyendo películas, comerciales y reproducciones digitales.

Taylor expresó públicamente su descontento porque Big Machine le ofreció condiciones injustas, además de que le imponía restricciones

Patrimonio neto por año en MDD (millones de dólares) Fuente: *Forbes*

sobre las canciones que podía interpretar. Esta situación la llevó a tomar una de las decisiones financieras más brillantes de la industria: regrabar sus primeros seis discos bajo su propio control.

Con este movimiento, no solo recuperó el control de su música, sino que multiplicó sus ganancias. Cada vez que un fan escucha una canción de sus "Taylor's Versions", el dinero va directamente a ella y no a las manos de ejecutivos discográficos. Básicamente, convirtió un problema en una oportunidad multimillonaria.

Por si fuera poco, su estrategia de inversión en bienes raíces es igual de impecable. Con propiedades valuadas en más de 125 millones de dólares, Swift ha creado un imperio inmobiliario en lugares clave como Nueva York, Nashville, Rhode Island y Los Ángeles.

Y claro, no es solo cuestión de lujo, sino de estrategia: sus compras siempre han sido calculadas para ganar plusvalía y asegurar ingresos pasivos.

Taylor Swift no solo es un ícono del pop, es una maestra en la construcción de riqueza. Su capacidad para innovar, proteger sus activos y monetizar cada aspecto de su carrera nos deja una gran lección: el dinero bien administrado no solo te da estabilidad, sino poder. Y si alguien sabe de poder, es la mujer que logró que todo el mundo (incluyendo a Wall Street y a la Reserva Federal) hablara de su impacto en la economía global.

Antes de que termines este libro, vamos a desglosar las reglas de oro para millonarios. Cada una de ellas te ayudará a tomar decisiones inteligentes que impactarán tus finanzas en el presente y en el futuro. Es momento de construir tu riqueza con estrategia, cabeza fría... y un poco de *glitter*.

REGLA DEL 72

¿Para qué? Sabrás los años necesarios para duplicar tu inversión.

¿Qué dice? Divide 72 entre la tasa de retorno del capital que invertiste y obtendrás los años necesarios para duplicar tu dinero.

Ejemplo: Si tu inversión rinde 10 % en un año, duplicará su valor en 7.2 años (72/10 = 7.2).

¿Por qué importa? Porque te da una brújula clara: el tiempo y la rentabilidad son excelentes aliados en el juego de las finanzas personales.

Taylor *vibe* Ella aprendió que cada contrato tiene su tasa de retorno. Al recuperar los derechos de su música, aceleró su aumento de valor.

REGLA DEL 2000

¿Para qué? Averiguarás tu ingreso anual aproximado.

¿Qué dice? Multiplica tu tarifa por hora x 2000 = tu ingreso anual aproximado.

Ejemplo: 20 x 2 000 = 40 000 anuales.

¿Por qué importa? Te da una perspectiva de cuánto vale tu tiempo.

Taylor *vibe* Si cobrara por hora cada vez que compone, produce o ensaya... el número sería astronómico. Ella conoce el valor de su tiempo y lo usa con precisión quirúrgica.

REGLA DEL 25X

¿Para qué? Conocerás el monto ideal para tu jubilación.

¿Qué dice? Multiplica tus gastos anuales x 25 = lo que necesitas para jubilarte.

Ejemplo: 60 000 x 25 = necesitas 1.5 millones de pesos para vivir sin trabajar.

¿Por qué importa? Porque jubilarte no es cuestión de edad, sino de estrategia.

Taylor *vibe* Ella no esperará a los 65 para tener un retiro digno. Desde ahora, Taylor está disfrutando de su independencia financiera con ingresos pasivos, derechos de autor y propiedad intelectual.

REGLA DEL 3X

¿Para qué? Tendrás información útil al momento de comprar una casa.

¿Qué dice? Tu casa no debe costar más de tres veces tu ingreso anual.

Ejemplo: Si tu ingreso es de 100 000, el valor de tu casa podría llegar hasta 300 000.

¿Por qué importa? Evita que una casa se convierta en tu prisión financiera porque si te endeudas drenarías tus ingresos sin margen para otros objetivos.

Taylor *vibe* Aunque puede comprar mansiones, cuando adquiere una propiedad considera razones estratégicas (estrategia fiscal, inversión, conservación de patrimonio). No todo es glam.

REGLA DEL 20/4/10

¿Para qué? Obtendrás números necesarios si quieres comprar un carro.

¿Qué dice?

- 20 % de enganche para tu próximo coche.
- Crédito a un plazo máximo de 4 años.
- Pagos mensuales menores al 10 % de tu ingreso.

Ejemplo: Si tu ingreso es de 4 000, entonces tus mensualidades tendrían que ser de 400 o menos.

¿Por qué importa? Porque así puedes comprar el coche de tus sueños, sin volverte esclavo de él.

Taylor *vibe* No se trata de si puedes pagarlo hoy, sino si te dejará avanzar mañana.

REGLA DEL 10X

¿Para qué? Conocerás el valor ideal para tu póliza de seguro de vida.

¿Qué dice? Tu seguro de vida debe ser igual a 10 veces tu salario anual.

Ejemplo: Si ganas 100 000, entonces tu póliza debería ser de un millón.

¿Por qué importa? Porque protege a quienes amas si algo te pasa.

Taylor *vibe* Ante la volatilidad del mundo del entretenimiento, busca minimizar riesgos y potenciar el valor de sus activos para protegerse tanto a ella como a sus seres queridos.

BONUS: ¿POR QUÉ ESTAS REGLAS FUNCIONAN?

Porque no son magia, son matemáticas. Son simples, claras y te ayudan a tomar decisiones sin tanto drama. Te invito a seguir estas reglas de oro para asegurar un futuro más próspero. Y como Taylor, no necesitas heredar un emporio ni tener una fortuna inicial para lograrlo... solo claridad, disciplina y visión.

¡TU TURNO!

- Elije una de las reglas de oro que te ofrezca información que necesites saber actualmente. Reflexiona cuál de ellas podría ayudarte a tomar una decisión que tengas en mente.

  Regla: ___________________________

  ____

- Ahora pon a trabajar las matemáticas y sustituye los valores o cantidades por tus propios números.
- Por último, escribe cuál es tu siguiente paso en esta decisión, tomando en cuenta la nueva información que está en tus manos.

  ____

  ____

¡Lo lograste, detoxer! ¿Estás listo para aplicar lo que has aprendido y llevar tu vida financiera al siguiente nivel?

ZONA DETOX

- La regla de 72 te hará saber los años necesarios para duplicar cualquier inversión.
- La regla del 2000 te permitirá averiguar tu ingreso anual aproximado.
- La regla del 25x te dejará conocer el monto ideal para tu jubilación.
- La regla del 3x te dará información útil al momento de comprar una casa.
- La regla del 20/4/10 será de ayuda si quieres comprar un carro.
- La regla del 10x te dará el valor ideal para tu póliza de seguro de vida.

EPÍLOGO

¡Bienvenido a la meta! Llegaste al final o, más bien, al principio de todo esto. Es raro cerrar algo que apenas empieza. Este libro fue una provocación para cuestionarte, una guía para poner orden y una chispa para que tomes el control de tu dinero desde otro lugar, uno más consciente, más libre y más tuyo. Si en este momento sientes que algo dentro de ti se movió, se despertó o se rebeló, ¡te felicito! Eso significa que estás listo para cambiar de página, pero esta vez, hacia tu propia historia financiera.

Apuesto a que en este momento ves todo de manera distinta. Percibes de otro modo el éxito detrás de Oprah, Ryan Reynolds y Beyoncé. Pero principalmente me interesa que te percibas a ti mismo de manera diferente a como lo hacías antes de comenzar este viaje. Este libro fue una invitación a cuestionar tus creencias, pensamientos, emociones, hábitos, acciones y visión acerca del dinero.

Como en cualquier trayecto, hubo tropiezos, avances, retrocesos. Algún capítulo un tanto más difícil, pero también proyectos, esperanzas y mucho entusiasmo. Sé comprensivo contigo si algún tema todavía no está claro al cien por ciento. Nadie nace sabiendo, pero todos podemos decidir aprender. Es una transformación diaria. A veces incómoda, y otras, emocionante o confusa, pero propia. Esa es la parte más valiosa: no se trata de que seas perfecto, sino de que cada vez tomes mejores decisiones.

Si alguna vez te sientes perdido, agobiado o con ganas de tirar la toalla, vuelve aquí. Este libro es un recordatorio de que siempre puedes empezar de nuevo, aunque sea un martes cualquiera. Vuelve estas páginas tu mapa de ruta, tu guía en la aventura o la casa donde puedes tomarte un momento para respirar y agradecer lo que tienes.

Jamás te sientas solo, detoxer. Somos muchos los que adoptamos un nuevo enfoque hacia las finanzas y la vida, ¡y cada vez seremos más! Lo merecemos, como país, como familias, como personas. Formamos una comunidad que, aunque no todos nos conocemos en persona, comparte valores y la convicción de que el futuro puede (y debe) ser mejor para todos.

No dejes de reunirte frecuentemente contigo mismo. Recuerda llevar tu café (o la bebida que prefieras), tu cuaderno, tu laptop o tableta y toda la energía y concentración para llevar a cabo tus sueños. Recuerda que el camino hacia el éxito financiero está compuesto por seguridad, independencia y salud en tu cartera. La libertad financiera es la pieza fundamental, la brújula que te da una vida llena de riqueza en todos los sentidos.

Gracias por llegar hasta aquí conmigo. Ojalá te sientas más ligero, como siempre que nos desintoxicamos de un mal hábito y adoptamos un hábito saludable. Me gustaría reconocer tu propio esfuerzo: te diste el tiempo para leer, reflexionar y poner en acción todos tus objetivos. Esto no fue una coincidencia, sino un paso enorme hacia una relación distinta con tu dinero. Sobre todo, contigo.

Nos vemos en el siguiente capítulo, aquí empieza el verdadero detox.

Con cariño,

Pau Anguiano

www.ingramcontent.com/pod-product-compliance
Lightning Source LLC
LaVergne TN
LVHW010939051026
849532LV00003B/1049